Ensayo

Alberto Ruy Sánchez nació en México en 1951. Vivió en París, donde hizo estudios de literatura y de filosofía política. Allá se volvió editor y escritor. Ha publicado más de 30 libros, entre ellos los ensayos *Elogio del insomnio*, *Con la literatura en el cuerpo* y *Una introducción a Octavio Paz*; los poemas de *Decir es desear*, *El bosque erotizado*, *Escrito con agua*, *Luz del colibrí*, *Dicen las jacarandas*; el relato *Los demonios de la lengua* y especialmente el ciclo de libros experimentales sobre el deseo, *Quinteto de Mogador*, donde confluyen poesía y ensayo en relatos novelescos y documentales: *Los nombres del aire* (Premio Xavier Villaurrutia, 1987), *En los labios del agua* (Prix des Trois Continents, 2000), *Los jardines secretos de Mogador* (Premio Cálamo Otra Mirada, 2002), *La mano del fuego* y *Nueve veces el asombro*. Los cinco se han vuelto libros de culto en varios países. Su obra ha sido traducida a una docena de lenguas y ha recibido más de veinte premios: en San Petersburgo, Lugano, Montauban, Chicago, Louisville, Zaragoza y México, entre otros. Codirige la editorial y la revista *Artes de México*. Sus novelas más recientes: *Los sueños de la serpiente* (Premio Mazatlán, 2018) y *El expediente Anna Ajmátova* (Premio Colima, 2022).

www.albertoruysanchez.com

@albertoruy

Alberto Ruy Sánchez

Con la literatura en el cuerpo
Historias de literatura y melancolía

DEBOLS!LLO

El papel utilizado para la impresión de este libro ha sido fabricado a partir de madera procedente de bosques y plantaciones gestionadas con los más altos estándares ambientales, garantizando una explotación de los recursos sostenible con el medio ambiente y beneficiosa para las persona

Penguin
Random House
Grupo Editorial

Con la literatura en el cuerpo

Primera edición en Debolsillo: julio, 2024

Primera edición en Taurus, 1995
Sexta edición en español, 2024

D. R. © 1995, Alberto Ruy Sánchez Lacy

D. R. © 2024, derechos de edición mundiales en lengua castellana:
Penguin Random House Grupo Editorial, S. A. de C. V.
Blvd. Miguel de Cervantes Saavedra núm. 301, 1er piso,
colonia Granada, alcaldía Miguel Hidalgo, C. P. 11520,
Ciudad de México

penguinlibros.com

Diseño de portada: © Jorge Matías-Garnica

ISBN: 978-607-384-407-9

Impreso en México – *Printed in Mexico*

Índice

A Nina Subin y Eliot Weinberger

A la memoria de Roland Barthes

*A la memoria de María Luisa
Ruy Sánchez de Higuera*

Hace algunos años, en una universidad de París, un hombre que impartía un curso sumamente formal sobre la literatura romántica alemana se vio sorpresivamente sacudido por un amor implacable, radical, absoluto. Estaba de pronto viviendo a muy alta temperatura uno de esos trastornos románticos que fríamente analizaba en clase.

Ese hombre, que era entonces uno de los más prestigiosos teóricos del análisis semiológico universitario, movido por el sacudimiento amoroso que entonces gozaba y sufría, decidió hacer algo inusitado en el medio universitario. Un acto que equivalía a una negación pública de las certezas del gremio que era el suyo.

A mitad del curso transformó completamente sus puntos de vista, sus instrumentos, sus referencias, e introdujo en todo lo que escribía para su curso una buena parte de lo que estaba viviendo. De pronto una escena real de celos, o una súbita fascinación amorosa, vividas recientemente, se mezclaban con narraciones e ideas de Goethe o de Novalis. Una conversación de ayer era tan válida y citable como un libro erudito. Porque en vez de analizar exclusivamente la literatura romántica alemana, lo que estaba analizando de hecho era el lenguaje del amor. De aquel curso surgió más tarde un libro que ese profesor, Roland Barthes, llamó *Fragmentos de un discurso amoroso*.

Su primera intención había sido escribir sobre la novela de Goethe, *Los sufrimientos del joven Werther*, un análisis semiológico similar al que había hecho antes sobre un cuento largo de Balzac, *Sarrasine*, en un libro que se llamó *S/Z*. Después de su transformación pasional, la novela de Goethe figura significativamente en los *Fragmentos de un discurso amoroso* dentro de una lista peculiar al final del libro llamada *Tabula gratulatoria* que combina agradecimientos y bibliografía. Pero figura tan sólo en el segundo apartado. El primero es una lista de amigos cuyas conversaciones son citadas con frecuencia en el libro. Los amigos se volvieron más importantes para este estudioso que sus libros. El tercer apartado es una bibliografía general y el cuarto una lista de obras musicales y una película. El libro se abre con una especie de epígrafe declaratorio de su herejía antiprofesoral: "Entonces es un enamorado el que habla aquí y dice…".

Su gesto de flexibilidad antiescolástica, de creatividad sincera, de reconocimiento de sus impulsos vitales me pareció desde entonces ejemplar.

Y lo era para mí en el sentido literal de aquello que un alumno puede aprender de un maestro más allá de sus ideas. Aprender de su actitud, de sus actos en el oficio, aún mucho más que del contenido de su enseñanza. Tal y como sucede en un taller artesanal donde los aprendices ven al maestro trabajar y, como él hizo antes, tienen que comenzar haciendo sus propios instrumentos a la medida de sus manos. Como lo hacen todavía los artesanos de la plata.

Aceptado ese principio ya no se trata de repetir lo mejor posible pero mecánicamente el trabajo del maestro; se trata de crear cada uno su método a partir de su propio cuerpo. No seguir ya el modelo de la ciencia sino el de la artesanía, más modesta en principio pero en el fondo más ambiciosa. Una buena dosis de procedimientos artesanales puede condimentar muy sanamente nuestras ideas de la crítica, del análisis literario y hasta de la creación literaria. Hacer obra crítica, en todo caso, no es aplicar fórmulas que se suponen científicas, buenas y válidas para todos, sino crear a partir de lo que uno tiene a la mano o en la mano, crear a partir de lo que uno es.

Alrededor de Roland Barthes, en su seminario pequeño más obviamente aún que en sus multitudinarias clases públicas, no crecía la doctrina sino un intercambio de búsquedas personales. Había hecho un taller donde él era eje de un ambiente propicio a la creación y a la reflexión. Bajo su mirada efectiva, los alumnos podíamos intercambiar nuestras ideas, búsquedas y, sobre todo, el entusiasmo de nuestros hallazgos novatos. En ese sentido era un director de estudios y de tesis muy poco directivo; era más una presencia inteligente y afectiva, una mirada disponible, que un difusor de supuestas verdades del saber.

Su actitud tenía varias implicaciones profundas, varios principios no formulados que son instrumentos de autoformación y estudio, herramientas de autodefinición.

Al primero podríamos llamarlo, no sin ironía, *Principio de autoafirmación o veneno de epígono*: en literatura, cada quien tiene que buscar sus propios mares para navegar desplegando sus velas muy personales. No hay lugar en esta actitud para los epígonos: los imitadores, los mimos del pensamiento y la escritura.

Al segundo podríamos llamarlo *Principio de autonomía o veneno del pupilo*: recurrir a la aprobación del maestro, a la concordancia con la teoría o con la supuesta verdad. La validez de la obra surge de sus propias virtudes, de su propio vigor y autenticidad y no de la sanción de un tutor. No hay lugar para el pensamiento filial o de secta bajo un líder carismático.

El tercero es un *Principio de autoestima o veneno del colectivista autorreprimido*. Implica la necesidad radical de aceptar el *yo* que somos, antes de formar parte de todos los *nosotros* en los que participemos con el tiempo. Aunque es evidente que por este camino se obtienen todas las condenas de individualismo, egoísmo, hedonismo de las que es capaz un sistema basado en el autoritarismo de las estéticas colectivas sobre las de cada artista.

El cuarto es el *Principio corporal y afectivo o veneno de la certeza pura.* Implica aceptar en el *yo* que pretendemos afirmar el hecho simple de que ese *yo* es también un cuerpo, no sólo un carácter y un coeficiente intelectual. Y de ahí aceptar que todo lo que uno sabe, aprende, olvida o crea, pasa por nuestro cuerpo. No somos ideas sino cuerpos con ideas. Y por lo tanto no hay ideas que no vengan a nosotros cargadas de afectos.

La literatura y el arte entran por nuestros sentidos. Todo el rigor analítico o el conocimiento de los que seamos capaces entran en contacto con las obras analizadas a través de nuestro cuerpo. Gracias a la buena literatura, o más bien a la literatura que sea buena para nosotros, y reconociendo esa relación muy personal y corporal de cada uno con el arte, podemos vivir con la literatura en el cuerpo. Podemos vivir permitiendo que la literatura que realmente nos importa pueda afectarnos con su proximidad magnética y así sentir, en esa atracción poderosa, la presencia del otro escritor o del artista que amplía y enriquece nuestros ámbitos.

Errancias de sabor y saber

Por los puentes secretos de la melancolía, que pueden ser como venas en una obra literaria, este libro se vincula con mi relato *Los demonios de la lengua* y con mi novela *Los nombres del aire.* En esta última, la melancolía del personaje principal, Fatma, es el ánimo propicio para el desbordamiento de la sensualidad. En *Los demonios de la lengua* el protagonista melancólico conoce el éxtasis y la duda. Por los caminos que minan a la certeza su reflexión se vuelve todavía más profundamente melancólica. Duda y sensualidad, deseo y demora reflexiva, forman parte de cualquier itinerario melancólico. Obedeciendo esos impulsos, una narración melancólica se vuelve ensayística y el ensayo toma un cuerpo ávidamente narrativo. En cualquier género literario se trata de un *yo* ensayándose en el mundo.

Si en *Los nombres del aire* la narración se inclina hacia la poesía convirtiéndose en prosa de intensidades, en *Con la literatura en el cuerpo* es visible la inclinación del ensayo hacia la historia narrada. Por eso el subtítulo de este libro es *Historias de literatura y melancolía*. Dieciséis relatos breves con una protagonista que se transforma a cada paso ocupando diversos cuerpos: la melancolía. Dieciséis errancias en dieciséis ámbitos. Al leer estas historias, cada uno es un *yo* ensayándose en el mundo.

Un día, leyendo ávidamente a Rilke, comencé a buscar en sus cartas y en las de otros cómo era el París que él vivió y en qué se parecía al París que yo estaba viviendo en ese momento, más de cincuenta años después. Curiosamente Rilke trazaba en todo lo que escribió, tal vez sin quererlo, un mapa afectivo de la ciudad que coincidía con el mío. O, tal vez, mi mapa afectivo de la ciudad me permitía entender la experiencia de Rilke en París y la del personaje y narrador de su novela *Los cuadernos de Malte Laurids Brigge*: un libro que tiene la forma del diario de un poeta danés que sucumbe en París. Un relato que puede ser visto como un poema extenso en prosa: una peculiar prosa de intensidades.

Así surgió el primer ensayo de este libro: un desciframiento muy personal de la melancolía de Rilke en la ciudad y de cómo esa tristeza profunda se convirtió en una obra única y sorprendente.

La trayectoria melancólica de Rilke y la de Malte, los pasos que iba dando su ánimo, los espacios afectivos que recorren, pueden ser vistos como una construcción gótica:

hay una dramaturgia pasional en el relato que permite hacer un paralelo con la arquitectura. Pero también con la configuración gótica de la ciudad. No en balde las novelas concebidas como prosa de intensidades hacen siempre construcciones de ámbitos.

Con la melancolía en la punta de los sentidos, con la literatura como escala ascendente, por mis propios caminos y maneras, por mi propio cuerpo, comenzó a definirse el carácter de este libro. Para quien lo lea será evidente que este autor habla tantas veces desde la melancolía que es innecesario enfatizarlo. Claro, sin excluir la paradójica realidad que tan bien expresaba Victor Hugo al escribir que la melancolía es muchas veces la alegría de estar triste. Porque la melancolía de la literatura es búsqueda, una trayectoria anhelante, ascenso desde las entrañas.

Como ensayista de la melancolía, me paseo por el mundo ensayándome en diferentes materias, temas, libros, autores. Escribir un ensayo, ensayarse, es errar. Y la errancia natural del ensayista es en sí misma muchas veces melancólica, llena de claroscuros.

El mismo Robert Burton, en su clásica *Anatomía de la melancolía*, de 1621, es antes que nada ensayista, y decepcionaba a los doctores universitarios de su tiempo, errando por caminos propios en su libro. Lo que ellos esperaban de él era un rígido tratado de controversias teológicas, como se usaban entonces, no un ensayo sobre el corazón del hombre. Les demostraba que un libro puede ser muy personal sin dejar de ser certero en su saber, e incluso divertido sin dejar de ser reflexivo y hasta irónicamente melancólico.

Antes y después de Burton son muchísimos los libros que estudian la melancolía y entre ellos no faltan los apasionantes. La gracia y la vida de *Anatomía de la melancolía* son excepcionales. Más allá del tratado erudito, el ensayo está lleno de vida porque en él está la vida del ensayista, su cuerpo. Por eso, al comienzo del libro titulado precisamente *Ensayos*, Michel de Montaigne advierte que ese texto, aunque habla de otras cosas, es sobre él antes que nada, y lo confiesa al lector con modestia teatral que en el fondo es coquetería: "Así, lector, soy yo mismo el tema de mi libro, no vale la pena que uses tu tiempo libre en algo tan frívolo y tan vano". El ensayo es así muchas veces una memoria cifrada, la bitácora afectiva de una errancia: un recuento reflexivo de aquello que la vida depara a quien no puede escribir sino combinando su sabor con su saber.

Sabor y saber: fórmula que le encantaba usar casi como emblema al ensayista Roland Barthes, porque para él esa combinación era la clave del ensayo verdaderamente literario. Donde el saber toma sabor aparece el escritor y desaparece el escribano. Pero también fórmula que usó Italo Calvino como título de un cuento de ambiente mexicano donde el canibalismo surge aunado al deseo. Curiosamente, la primera vez que escuché esa expresión, "Sabor y saber", fue en la radio mexicana del inicio de los años setenta, como título de un programa diario sobre la historia de la rumba, la salsa, el cha cha chá, el merengue y otras errancias rítmicas. Un programa sensacional, dirigido por Alberto Cataneo, que nunca me perdía.

Tal vez estos tres usos de la misma frase se deban a que escribir ensayos es también como ir bailando muy gozosamente con nuestros temas y autores y problemas; y por supuesto, también es devorarlos ritualmente: hacerlos nuestra carne, nuestros pasos. Es aceptar que la literatura nos entra por el cuerpo y muchas veces se queda en él.

El nuevo cuerpo melancólico

El cuerpo es la materia del ensayo y el cuerpo melancólico, en muchas de sus transformaciones, es el tema de éste. No un cuerpo tradicional, clásico, como en la *Anatomía de la melancolía* de Burton, que nos recuerda la imagen humana de Leonardo da Vinci, y el cuerpo del ángel melancólico de Durero, sino un cuerpo fragmentario y plural que ya conoció la representación humana de Picasso, de Klee, de Savinio y de Beuys, y por supuesto también la línea sensual de los cuerpos de Matisse. El nuevo cuerpo melancólico tiene una piel profunda y en él entra la literatura con fuerza y sensualidad. Alberto Savinio supo verlo con agudeza e ironía.

Quien busque aquí un análisis tradicional, universitario, de la historia de la melancolía, o de la idea de melancolía, no lo encontrará. Ésta es la historia múltiple y fragmentaria de un cuerpo que se ensaya en otros y que ve en ellos una parte de su propia melancolía.

Como los encuentros con obras y autores tienden, a lo largo de los años, a agruparse en espacios distintos, este libro es el recuento de una itinerancia por tres ámbitos fundamentales.

Primero, el de las obras literarias que se vuelven para uno como catedrales góticas o como seductoras mezquitas, llenas de luces y de sombras, de profundidades y misterios, de belleza deslumbrante y muchas veces desgarradora. La catedral es sitio de recogimiento donde uno comienza a ver lo que uno es y lo que ampliamente lo rebasa.

Esa primera sección melancólica se abre con el ensayo mencionado sobre Rilke y su mapa afectivo de París. Aunque no es comentado ampliamente, el ejemplo de Auguste Rodin con su gran energía creativa fue fundamental para Rilke, como lo muestra el libro que el poeta escribió sobre el escultor. Y su propia guía de ascenso afectivo está en sus *Cartas a un joven poeta*. La melancolía de Rilke tiene la forma del reto que nos presenta el mundo. Pero tiene un remedio: "responder a la destrucción como hace la naturaleza, con un nuevo comienzo y una multiplicada fecundidad".

La melancolía de Alberto Savinio es añoranza por la armonía del mundo y encuentra en una nueva geometría, en un nuevo arte de las distancias, en una poderosa ironía, la manera de vivir y crear con su lucidez melancólica.

La melancolía de Pier Paolo Pasolini es a la vez poética y política. Parece tener la forma de una desilusión pero indaga profundamente en los rincones de la mentalidad de nuestro siglo. Mientras su melancolía es abiertamente escénica, la de Italo Calvino es, paradójicamente, discreta. No parece pero es la tristeza de la última sonrisa. El destino como supremo artífice melancólico está en las obras de Yourcenar, Beckett y Frisch. En cada uno, de diferente manera, vemos la huella de lo implacable sobre el cuerpo y cómo esa huella se vuelve palabra. La memoria cifrada de las catedrales se cierra con un ensayo sobre la melancolía romántica en los dibujos de Victor Hugo, donde el paisaje es espejo del alma y un viejo sol gótico muere en el horizonte.

Así, un primer ámbito melancólico crece bajo el signo de las catedrales góticas, como la de Notre Dame con su melodía de claroscuros a lo largo de su nave mayor, la de Siena con sus franjas alternas de mármol negro y blanco en columnas, techos y pisos, o como la de Colonia, con su poderosa absorción de nuestra mirada y de nuestro cuerpo hacia la luz intensa que cae sobre el altar.

Un segundo ámbito melancólico crece bajo el signo de las prisiones dibujadas por Giovanni Battista Piranesi, donde la monumental arquitectura torturante nos habla con elocuencia de la implacable geometría de las prisiones mentales que el hombre es capaz de inventar para otros hombres y, en última instancia, para sí mismo. Es donde las creaciones de los hombres los desbordan y los encierran en su lógica absoluta, cruel y triste, monumental y obscura. La prisión gótica es donde se ve lo más claro y lo más obscuro de la naturaleza humana. Y donde la rabia sigue viva en la sombra.

Desde las prisiones mentales del estalinismo (y mentales no quiere decir que no existieron sino que tomaron realidad también en la mente de la gente, en sus cuerpos), muchos artistas como Shostakovich, Mandelstam, Zamiatin, Herling, Solzhenitsyn, nos dan su testimonio del infierno. Desde otro país, Orwell exploró como pocos los peligros carcelarios de pensar y creer en la utopía: en la construcción del cielo sobre la tierra cueste lo que cueste. Un visitante del supuesto paraíso soviético, Panait Istrati, muchos años antes de André Gide, regresó contando lo que vio y vivió. Al hacerlo desafiaba al conformismo de izquierda que insistía en ver y pensar a las mazmorras sociales como edén en maduración. Esta memoria múltiple de las prisiones góticas del pensamiento contemporáneo y sus extensiones sobre la vida se relaciona de manera muy evidente con otro libro mío, *Tristeza de la verdad: André Gide regresa de Rusia*, ensayo narrativo, como los de este libro, que cuenta una historia peculiar y explora las maneras en que crece y se manifiesta entre nosotros el conformismo que se autonombra progresista, y su complemento, la intolerancia. La verdad es triste cuando danzan las mentiras alegres al ritmo del tirano y sus seguidores listos para linchar con insultos y acosos al disidente.

Hay así una política de la melancolía que en diferentes proporciones y formas está presente en las historias reunidas aquí como memoria de las prisiones góticas. La melancolía se vuelve subversiva y disonante, disidente, cuando el conformismo generalizado exige participar en la euforia colectiva. Participar en una alegría masiva por la ilusión de construir un nuevo mundo o en la peregrinación para rendir homenaje a algún tirano, aunque el tirano esté, y tal vez se quede, en su fase inicial de rebelde revolucionario o de héroe independentista, como comenzaron la mayoría de los tiranos. Todos los testimonios de la disidencia hablan de este fenómeno eufórico que anula la reflexión, la duda y la diferencia. Pero el complemento de la euforia obligada es castigar a quienes duden, o no sientan verdadera esa alegría. El poder impone entonces otro tipo de tristeza, cruel, reductora.

La melancolía como sistema opresivo se vuelve algo así como un "afecto de Estado". Algo todavía peor que una ideología o un mito. Así lo estudia Baruch Spinoza en su *Ética* cuando habla de cómo ciertos gobiernos opresivos quieren establecer en nuestra vida cotidiana la tristeza: "Lo que disminuye las potencialidades de nuestro cuerpo, nuestras posibilidades de ser". Entre afecto e ideología, los mitos del mexicano y de su nacionalidad única son productores de melancolía negativa, nostálgica de algo que nunca existió, tal y como los analiza lúdicamente Roger Bartra en su *Jaula de la melancolía*, de la cual, como Spinoza, nos invita a salir.

Y una de las salidas posibles, tanto de la jaula charra como de la prisión gótica, para algunos afortunados, puede estar en la literatura. No siempre y no de cualquier manera. Pero la literatura puede hacer inmunes a los cuerpos si los habita con una buena dosis de ironía, con sutileza, con duda e intensidad poética. Eso muestran mis novelas *Los sueños de la serpiente*, y *El expediente Anna Ajmátova*, que tienen en estos ensayos claros antecedentes.

El tercer y último ámbito melancólico de *Con la literatura en el cuerpo* crece bajo el signo de las tumbas góticas como la de Abelardo y Eloísa, donde el primer muerto enamorado extiende, misteriosamente, durante años, los brazos esperando a su amante. Pero la tumba es también el lugar de la rabia, de la sorpresiva impotencia ante las leyes de la vida y la muerte. Todos los autores que surgen como protagonistas a lo largo de este libro me son vitalmente cercanos y extiendo las manos hacia ellos cada vez que necesito su presencia. Son una parte de mis muertos y yo soy muchas veces el suyo. El muerto enamorado que los busca y espera con los brazos extendidos en un tiempo fuera del tiempo. Este ensayo consiste tal vez en ir hacia ellos, paso a paso, como un sonámbulo aparente.

Espirales afectivas

Las lecciones de aquel maestro parisino, Roland Barthes, se vieron truncadas por su muerte. Él no conoció sino dos de estos textos: el que está dedicado a Pasolini, porque estaba siendo una tesis dirigida por él, y el de Rilke en París, porque es el primero en el que traté de unir, con hilos sutiles pero muy fuertes, literatura y vida. Este libro pausado sobre la literatura en el cuerpo melancólico, que comenzó a existir bajo la sombra de aquel maestro, termina paradójicamente con un texto dedicado a su violenta ausencia. Su muerte fue el segundo comienzo de este libro. Y no sé cuántas de las frases que lo forman surgieron de un diálogo imaginario con él, en uno de esos rituales que nos llevan a hablar con nuestros muertos.

De una manera similar, tal vez, a la que mi abuela materna, que era espiritista, decía que hablaba en la noche con los muertos. Durante años ellos le contaban historias, le revelaban secretos en sus diálogos nocturnos. Y todas las mañanas, durante más de una década, comencé el día escuchando lo que los muertos le decían. En la cocina, cuando nadie más se había despertado en la casa, preparaba para ambos un desayuno sonorense mientras comenzaba siempre su relato diciéndome: "A que ni sabes quién vino a verme anoche".

Cuando ella murió tuve el deseo ferviente de que, como sus propios muertos, ella viniera en la noche a contarme cómo le iba en su nueva vida. Pensé entonces, con algo de tristeza y enorme nostalgia, que muchas de sus historias surgieron probablemente tan sólo para contármelas en secreto por la mañana mientras desayunábamos juntos. Y que tal vez sólo se invoca a los muertos para contárselo a los vivos.

De la misma manera uno escribe también, y sobre todo, para dialogar con los vivos. No con mucha gente, aunque luego las publicaciones nos traigan amigos nuevos, insospechados. Estos ensayos o historias aparecieron, en estas u otras versiones, en revistas de diversos países y lenguas. Cada uno ha tenido su propia historia, su suerte, sus amigos. Ha ido encontrando sus interlocutores. Estoy agradecido con ellos. Pero en su comienzo, cada uno de estos ensayos narrativos se fue haciendo en un diálogo constante con unas cuantas personas cercanas: antes que nadie, Margarita de Orellana, que ha entrado y salido conmigo, a lo largo de las décadas, de muchos de los ámbitos de la melancolía. Juntos estuvimos también en los espacios reales que encabezan emblemáticamente cada una de las secciones de este libro: las catedrales de París, de Siena, de Chartres y de Colonia, atisbó conmigo en la vida más de una vez el universo de Piranesi y visitó la tumba de Abelardo y Eloísa en el cementerio Pére Lachaise. Pero también Alfonso Alfaro, Octavio Paz, Álvaro Mutis y Eliot Weinberger. A ellos mi agradecimiento por haberme dado en su momento y en el ámbito de su amistad un espacio para hablar de estas obsesiones y siempre enriquecerlas, reavivarlas.

Eliot, además, mucho más allá del tiempo largo en el que escribí estos ensayos y comencé a publicarlos en revistas literarias y periódicos, recorriendo juntos varios tramos de vida y construyendo más de una complicidad, me ha ayudado varias veces con su constante presencia amistosa a diluir los venenos de la melancolía.

I

MEMORIA DE CATEDRALES GÓTICAS

Melancolía ante el abismo
Rilke y Malte en París: vidas y letras góticas

Murmullos de una ciudad

Las mañanas de septiembre en París llegan con un presagio obscuro insinuado en el aire. El verano va terminando como si una fuerza vital de la ciudad se disgregara. Mucho antes de ver al invierno se le presiente en el viento del otoño. La nueva luz cada día disminuida lo anuncia con insistencia, porque los días se van haciendo irremediablemente más cortos y pronto el cielo tomará, durante casi ocho meses, el color gris estable de los edificios. El aire ya comienza a tejer sus recorridos húmedos y fríos por las calles y los pasadizos de los barrios viejos; cala los huesos, pela los árboles.

Aunque los muelles y parques comiencen a brillar por los mil tonos sutiles de la hojarasca agitada, no todos los que pisan esas hojas o las miran obtienen alegría al hacerlo. La inmensa mayoría se deja llevar sin sorpresa por esa veloz transformación de la ciudad. Es como si una coloración del aire todo lo fuera tiñendo de sombra y los edificios de pronto vieran redoblado su peso, los puentes sobre el río parecieran frágiles y la corriente más profunda y agreste.

Las cosas y las personas muestran de pronto una gravedad enfatizada. En los autobuses y en el metro, donde es inevitable encontrarse frente a frente, algunos pueden, como en un juego de espejos, sorprender en los otros gestos similares a los suyos, sobre todo esas bocas que lentamente se van curvando hacia abajo. Por las calles, tengo la impresión, la gente comienza a pasear una sombra más lenta y más encorvada. Claro que todo eso no es lo primero que se impone a la vista cuando uno llega a París en ese tiempo, pero es algo que está ahí como la humedad del aire, tan al fondo y al mismo tiempo tan presente. Es el *movimiento afectivo de la ciudad*: algo más sutil e inestable que el clima y que existe como un murmullo incubándose en todos los gestos y en las esquinas. Un murmullo que para algunos puede convertirse en canto funesto.

Cuando Rainer Maria Rilke llegó a París en 1902, instalado en un miserable cuarto de hotel de un barrio de estudiantes, escuchó nítidamente ese canto. Una de las voces que se le imponían en París y que con los años se iría estableciendo definitivamente en su ánimo, lo haría escribir en una carta a los tres días de su llegada:

París es una ciudad que para mí es *muy* extranjera. Los hospitales que aquí se ven por todas partes me angustian. Ahora entiendo por qué aparecen tantos hospitales en Verlaine, Baudelaire y Mallarmé. En todas las calles se ven enfermos que entran a pie o en automóvil. Se les ve en las ventanas del hospital Hotel-Dieu con sus extraños vestidos, los tristes y pálidos uniformes de la enfermedad. Se adivina de golpe que hay en esta inmensa ciudad regimientos de enfermos, ejércitos de moribundos, pueblos muertos. Nunca, en ninguna ciudad, había experimentado esto y es extraño que lo sienta en París justamente, donde la necesidad de vida es más fuerte que en cualquier otra parte. Pero la necesidad de vida no es la vida. La vida es algo que va con calma, que es vasto y es simple. Al contrario, la necesidad de vida es prisa y persecución. Es la necesidad de tener la vida inmediatamente, toda entera, en una hora. De eso está lleno París y por eso está tan cerca de la muerte. Una ciudad extraña, extranjera…

Dos años después de su primer contacto con París, Rilke comenzaría a retomar muchas de sus primeras impresiones dispersas en cartas y diarios para elaborar la historia de Malte Laurids Brigge: un poeta nórdico de veintiocho años que llega a París y sucumbe, dejando sus cuadernos de notas como único testimonio de su ocaso. Y en los cuadernos de ese personaje inventado por Rilke se encuentra una prosa concentrada, versátil porque sus múltiples fragmentos abarcan una amplia gama de sensaciones, lugares, tiempos y estilos; difícil de clasificar porque sin ser eso que se conoce como "prosa poética" es la forma de la prosa que más se acerca a la poesía; aunque a la vez cada sección casi podría ser considerada como un cuento, y todas juntas constituyen sin duda una novela heterogénea. Un libro rigurosamente inclasificable entre los géneros literarios, escrito en una prosa intensa, prosa de intensidades que es a la vez poesía de lo terrible.

En *Los cuadernos de Malte* está condensada una variedad de intensidades vividas que difícilmente podrían haber sido escritas en un tiempo breve. De hecho, a Rilke le tomó seis años considerar terminado y publicable ese conjunto de textos, casi ocho años después de haber tenido sus primeras experiencias difíciles en París.

En el libro, el murmullo afectivo de París despertaba en Malte lo necesario para que se encaminara hacia una disminución vital y hacia una crisis. Pero la redacción misma de *Los cuadernos de Malte* fue para Rilke una experiencia dura que se le presentaba como necesaria y en la cual la presencia afectiva de París era sin duda determinante.

Estos *Cuadernos de Malte Laurids Brigge* —explicaría Rilke diez años después de haberlos publicado— evocan a través del personaje de un joven danés (y por lo tanto de una figura imaginaria) un enfrentamiento con los problemas de la existencia interna, París, que hace más visible todo lo que uno puede vivir (haciendo cielo o infierno de lo que en otros lugares sólo sería agradable o aburrido) y constituye el fondo, la atmósfera de esa existencia que a cada instante es puesta a prueba por su descenso. Una existencia que más allá del relato se ha convertido para mí en algo tan perceptible interiormente que ahora todavía puedo imaginar prolongaciones de su destino como si se tratara de un ser real. Sólo puedo decirle que aún ahora comprendo las ideas de ese joven solitario y en ellas toda la no superada desesperación de la existencia humana.

El destino de Malte fue el de muchos en París: perecer. Pero el destino de Rilke fue tener la necesidad de escribir la historia de Malte como una manera de no sucumbir ante los murmullos tentadores de la ciudad, aun oyéndolos integralmente.

El movimiento afectivo de la ciudad es algo que no todos necesariamente escuchan y que no a todos hipnotiza. Hay quien atraviesa ileso los lugares donde esa voz afectiva es más fuerte, simplemente por vivir bajo la protección de una personalidad dispersa o por ser alguien con la fuerza o la experiencia para escapar a los llamados de la tristeza. Tanto los que sucumben con frecuencia en el movimiento afectivo de París, como los que enfrentándose a esa corriente logran remontarla, saben que esta ciudad impone una intensidad radical al flujo de todos los días. Quienes sucumben ven en lo gris intensas aproximaciones de lo negro, pero quienes se dejan guiar por una fuerza superior a todo descenso sienten que en todas las cosas hay un hilo de intensidad luminosa que ayuda a sobrevivir. Todo lo que Malte en su soledad no tuvo: la proximidad segura pero delicada de los amigos, las sorpresivas transformaciones del amor y sobre todo los infinitos alicientes del deseo, son sin duda los hilos indispensables para salir del laberinto afectivo y poder vivir la geografía urbana como algo inseparable de la belleza en la vida.

En París se puede tener de pronto la sensación de que la ciudad se inmiscuye etérea en la realidad de los propios deseos, de tal manera que caminando al azar por sus calles, ellas conducen con frecuencia a la esquina insospechada donde uno se cruzará con quien más desea y menos espera. Los encuentros mágicos de Horacio Oliveira y de la Maga en *Rayuela* no son tan sólo invento de Cortázar sino de París, y están aun más en su vida cotidiana que en su literatura.

Pero Malte no pudo conocer ese tipo de alegría porque sus encuentros fortuitos rápidamente se encadenaron como serie obscura. Al llegar a París encuentra hospitales y alrededor de ellos a heridos y agonizantes. Casi a la semana de su llegada, cruzando un puente, el hombre que caminaba delante de él cae fulminado en un ataque de epilepsia. Los incidentes de ese tipo se multiplican, y muchos de ellos figuran tal cual en las primeras cartas enviadas por Rilke desde París. Malte con frecuencia se encuentra con miserables ("escupitajos del destino, húmedos todavía") presintiendo que ellos distinguen en él a uno de los suyos.

Cada vez comprende más a los que viven lo terrible. Por ejemplo a los agonizantes que ya no reconocen a nadie; y así se lo explica: "Pude comprender a este hombre porque también en mí algo sucede que comienza a alejarme y separarme de todo".

Las enfermedades acechan a Malte, y sobre todo una "sin particularidades", que según Malte

[…] con una seguridad de sonámbula hace aflorar en cada quien sus peligros más profundos que parecían ya del pasado, y los coloca enfrente, muy de cerca en la hora inminente […] Vidas de las que uno no sabía nada vienen a la superficie [...] y se eleva todo un tejido confuso de recuerdos descarriados que se aferran como algas mojadas sobre un objeto devorado por el agua.

Así, Malte se encuentra también con su pasado. Viene a frecuentarlo el lado más siniestro de una niñez poblada por familiares habituados a la muerte o a la demencia. Y surgen de pronto en él todos los miedos de su infancia. A la galería de lo terrible que él ve en la ciudad se añade poco a poco lo terrible que él vivió mucho antes, o que vivieron los suyos.

Después se añaden otros personajes muy alejados de su familia y de su tiempo pero que se vuelven cercanos por compartir la sensación melancólica. Un hombre hecho carroña viva: Carlos el Temerario; una monja enamorada y no correspondida: Mariana de Alcoforado; un papa de Avignon agonizando de miedo bajo el peso de sus supersticiones; Juan XII y muchos otros de los que Malte habla como si él mismo hubiera vivido aquellas íntimas tragedias. De alguna manera Malte encontraba en cada una de ellas un eco enorme de la suya. Así pudo saber que los trazos de París comienzan desde un lugar muy profundo en la mente, y que por eso sus calles conducen de lo visible a lo invisible, sobre todo en algunos barrios y en algunas circunstancias.

La estación del año en la que el movimiento afectivo de la ciudad cambia su signo volviéndose ascendente, la estación en la que más fácilmente se abren las compuertas de lo insospechado en París, es la primavera. En ella, simplemente el hecho de tener que usar menos abrigo aumenta la posibilidad de compartir sonrisas en la calle en vez de muecas de desagrado y gritos. Algo tan natural como tener y ver descubiertos los brazos y el cuello, después de tantos meses de abrigado invierno, se convierte en motivo de intensa alegría. Los encuentros afortunados se multiplican como si obedecieran a una fórmula implacable de la nueva estación. La gente se viste de una nueva manera y estar en medio de esa efervescencia de telas y maquillajes que resaltan la presencia reciente de la piel es como estar en medio de un involuntario simulacro de bosques encendidos. Todos los sauces al borde del río vuelven a remojar sus ramas y los castaños sueltan un polen blanco tan abundante y ligero que vuela llenando el aire y los muelles como si estuviera nevando. Una vitalidad mueve a la ciudad. Los signos visibles del erotismo se van reconociendo poco a poco en los gestos de los demás. Todos en la calle parecen darse cuenta y decírselo tan sólo con ligeras sonrisas de complicidad.

Pero cuando Malte llegó a esa estación iba tan avanzado en su descenso, comenzado el otoño anterior, que ya no podía remontar fácilmente lo recorrido. Malte tuvo esa sensación que casi al final del libro él atribuye a una mujer melancólica:

> ¿No hubo siempre alrededor de la primavera una época en la que el año te afectaba como un reproche? Había en ti una disposición a ser feliz, pero cuando salías, una duda extraña nacía de tu contacto con el aire, y tus pasos se hacían inciertos, como si caminaras sobre un barco. En el jardín había un nuevo follaje pero tú llevabas dentro el invierno y todo el año anterior; para ti todo era continuación.

Ya se había condensado en su cuerpo el signo descendente y obscuro que lo guiaba:

> [...] la existencia de lo terrible en cada parcela del aire se respira con la transparencia, se condensa en ti, se endurece, toma formas agudas y geométricas entre tus órganos. Porque todas las torturas y todos los tormentos cometidos en la plaza, en las crujías, en las casas de locos, en las salas de operaciones, bajo

los arcos de los puentes poco antes del otoño son indelebles, tenaces. Todos subsisten y se aferran a su espantosa realidad. Los hombres quisieran olvidar la existencia de lo terrible y, durmiendo, desvanecer suavemente esos surcos del cerebro, pero irrumpen los sueños y abren los surcos de nuevo. Los hombres se despiertan entonces con el aliento alterado, plasmando sobre la obscuridad un leve resplandor de vela y bebiendo como agua azucarada esa semiclaridad calmante apenas. ¡De qué astilla se sostiene esa seguridad! Al menor movimiento la mirada se hunde más allá de las cosas amigas, conocidas, y el contorno consolador se precisa como una de las orillas de lo terrible.

Para Malte todo en París formaba parte de los peligrosos movimientos afectivos de la ciudad y hasta los más seguros motivos de alegría podían convertirse súbitamente en ocasión de la melancolía más profunda. Como aquel ángel anhelado y a la vez temido por Rilke (en las *Elegías de Duino*), París, si se muestra, es capaz de hacer sucumbir a cualquiera en la intensidad de su presencia.

A la sombra de lo gótico

Desde la punta oeste de la Isla Saint-Louis, una de las dos islas que son el centro de la ciudad, se distingue claramente la torre Saint-Jacques con su arquitectura gótica reinando sobre los edificios sobrios de la orilla derecha del Sena, como si el imperio de lo irracional y del sueño plantara su mano entre las calles más razonables y rectas. Y al final del verano, cuando el cielo todavía es azul y alguna nube negra pasa por atrás de la torre, los monstruos de piedra que la coronan muestran más nítidamente su silueta blanca. Al verlos desde la isla uno no puede dejar de sentir un escalofrío que persiste durante el paso de la nube. Si además uno lleva el ánimo negro en esos días, no será extraño que luego aparezcan ecos de aquel escalofrío al mirar detenidamente cualquier cosa o cualquier perfil en movimiento. Desde la misma isla, mirando hacia la otra orilla, detrás de algunas fachadas indiferentes, se distingue la larga aguja de Notre Dame como la única parte visible de un imposible insecto gótico que se esconde para sorprender a su presa.

Al ver la catedral ya desde otro ángulo, un poco más lejos y por detrás, se puede tener la impresión de que ese enorme y fascinante insecto está completamente cubierto de joyas y de muecas.

Catedral de lo bello y de lo terrible, repleta la figura de santos, demonios y reyes; además de las erectas gárgolas monstruosas que gesticulan y escupen cuando llueve. Y en las torres, asomándose por los balcones, están las quimeras. Esos seres de piedra que al mismo tiempo son ave de rapiña, demonio y ángel. Se supone que ellas son las últimas que hablan con los suicidas insinuándoles que se lancen al vacío. Una de las muchas quimeras mira hacia el río, otra deja caer su mirada hasta el suelo. No es extraño que a los inmersos en alguna de las oleadas melancólicas de la ciudad hasta las piedras les hablen. La tristeza profunda es intérprete voraz de todo lo que la rodea y hasta el más opaco silencio se vuelve para ella fatalmente elocuente, indiscreto. La melancolía es lánguida habladora, sólo vive enredada en sus historias, porque es intensidad dramática de una historia personal cuyo aguijón puede ser la soledad, el amor desdichado, la miseria, la enfermedad, el miedo. Y todas las cosas que rodean a un melancólico comienzan a figurar en su historia, se vuelven quimera de desdicha; hasta las piedras pueden despertar en él un momento doloroso de la infancia o pavores crecientes.

Tampoco es extraño que las construcciones góticas hayan ejercido siempre una atracción especial sobre los que sucumben en la ciudad. Lo gótico, que es alianza misteriosa de lo irracional y de la razón, subsiste en el centro mismo de París con edificaciones que parecen querer mostrar la existencia concreta tanto de lo más luminoso como de lo más aterrador que puede haber más allá del hombre y por supuesto en él. Rilke deja ver con frecuencia en su correspondencia con su esposa Clara y con Lou Andreas Salomé, la atracción que ejercen sobre él las catedrales góticas, y habla de las visitas que hacía a las quimeras en las torres de Notre Dame. Su poema "La Catedral" termina así:

> […] la vida dudaba en el eco de las horas
> y en las torres, que llenas de renuncia
> ya no querían alargarse, aguardaba la muerte.

Rilke llega a comparar a las catedrales con bosques y mares, motivos que habían sido recurrentes en el romanticismo alemán como figuras de lo inesperado en la naturaleza:

La acción de estas catedrales continúa ejerciéndose, extrañamente viva, inviolada, misteriosa, más allá del poder de las palabras. Creo que en medio de la gran ciudad ellas son como un bosque o un mar, un trozo de naturaleza en esta ciudad donde hasta los jardines son arte. Pero ellas son también calma y soledad, asilo y reposo en la agitada caligrafía de las callejuelas. Son el futuro y el pasado, todo lo demás corre, se precipita y cae pero ellas, erguidas, esperan. Notre Dame crece cada día, cada vez que vengo la veo más grande. Todas las tardes paso frente a ella a la hora en que el Sena es una seda gris donde las luces caen como joyas talladas.

Como el tiempo nos ha hecho espontáneamente ilegible gran parte de la teología implícita en la arquitectura gótica, esas construcciones tan cimentadas en lo invisible nos hacen acercarnos a ellas sin interpretación definitiva. Y una vez atraídos por ellas nos acercamos sin más a lo bello y a lo terrible.

Las catedrales fueron durante mucho tiempo albergue de miserables, de alienados y de enfermos. A Notre Dame esa función se la retiró una institución construida al lado de la catedral, antecedente del hospital que aún ahí se encuentra: L'Hotel Dieu, que dedica una parte de su actividad a tratar suicidas que se salvan.

Las primeras imágenes de *Los cuadernos de Malte* son precisamente de hospitales:

> ¿Entonces es aquí donde la gente viene a vivir? Yo diría que aquí uno viene a morirse. Salí y vi hospitales. Vi a un hombre que vacilaba y caía abatido. La gente se reunió alrededor de él y me ahorró la visión del resto… Tengo miedo. Tengo que hacer algo contra el miedo cuando me atrapa. Sería terrible enfermarme aquí; y si alguien se ocupara de llevarme a L'Hotel Dieu seguramente ahí me moriría.

Hasta el siglo pasado los edificios de L'Hotel Dieu rodeaban casi completamente a la catedral y se extendían hasta la orilla izquierda del Sena. Incluso el puente descubierto que ahora lleva de esa orilla hacia la catedral era una construcción de dos pisos sobre el río formando parte de los multiplicados edificios que daban a la zona central de París un extraño ambiente de hospital, el cual, como Rilke ya lo dice, no dejará de estar presente en los poetas franceses del siglo XIX. Ese hospital, un pulpo alrededor de la catedral, confirmaba a Notre Dame como centro imantado de los que viajaban bajo el signo de la disminución de la vida. ¿Cómo extrañarse de que sea aun para los melancólicos lugar de morbosa peregrinación, tentación de los suicidas, o simplemente quimera para los que navegan en las fronteras de la razón?

Hasta el segundo invierno que pasé en París pude entender la historia de un amigo que algunos años antes había estado aquí varios meses, muy solo, seguramente mal alimentado, cultivando metódicamente su sinrazón en Notre Dame al convencerse de que la música de las ceremonias era de ángeles que cantaban sólo para él. Más tarde, en otra ciudad, lo pondrían en un lugar de encierro.

Estando en Notre Dame, ¿cómo dejar de pensar en el suicidio de Antonieta Rivas Mercado frente al altar de la virgen de Guadalupe, una quimera morena? Y en esa frase de André Gide que ella coloca como oración en una de sus cartas: "¿Para qué buscar una solución? La vida nos propone una cantidad de situaciones que son verdaderamente insolubles y que sólo la muerte puede desanudar, después de un largo tiempo de inquietud y de tormento".

Lo gótico, con sus zonas de sombra, traza una línea que va del norte al centro de la ciudad: de la catedral de Saint Denis al Palacio Cluny, es decir, de la primera catedral gótica hasta el último destino de la arquitectura gótica, que saliendo de los monasterios se expandió en las catedrales y terminó siglos después en los palacios. En el mapa de París, esa línea del norte al centro es como un eje sobre el que gira una buena parte del encuentro de la ciudad con *lo otro.* Sobre ese eje, y muy cerca de Notre Dame, se levanta la torre Saint-Jacques. Casi al pie de ella, en una calle pequeña que ya no existe, se ahorcó Gerard de Nerval. Ahora hay una piedra bajo la torre con un fragmento de su poema: "El desdichado", el primero de un libro que él llamó *Las quimeras* y que —cito la versión de Octavio Paz— dice:

> Yo soy el tenebroso, el viudo, el sin consuelo,
> Príncipe de Aquitania de la torre abolida.
> Murió mi sola *estrella,* mi laúd constelado.
> Ostenta el *negro Sol* de la *Melancolía.*

Cada vez que paso por ahí me asalta la idea de que esa torre ya estaba en medio de los últimos movimientos afectivos de Nerval. A unos cuantos metros de la torre se levanta otra iglesia gótica, la de Saint-Merri, cuya puerta principal está dominada por una misteriosa figura: *el Bafometo*, demonio y ángel al mismo tiempo, con sexo de hombre y de mujer. El andrógino que es también conjunción de ritos orientales y occidentales, encuentro misterioso y armónico con *lo otro*. Al lado de esta iglesia Apollinaire puso a tocar la flauta encantada a su "Músico de Saint-Merri".

El "raptor melodioso" que en una casa abandonada hizo desaparecer misteriosamente a un enjambre de prostitutas del barrio, llevándoselas fascinadas como el flautista de Hammelin a los niños. Pero la magia de este flautista funcionaba solamente cuando las campanas de Saint-Merri no tocaban, puesto que ese santo (Merri) tenía el poder de liberar a los prisioneros.

En ese mismo poema Apollinaire menciona en una línea a Suger, el monje funcionario que concibió la arquitectura gótica en Saint-Denis: "Cortejos oh cortejos [...] cuando el delgado Suger se apresuraba hacia el Sena". No muy lejos de ahí, la casa de Victor Hugo, enclavada en la simétrica y bellísima plaza de los Vosgos, o Plaza Real, a la derecha del Sena, alberga entre otras cosas algunos de los dibujos góticos del autor de *Notre Dame de París* y *Los miserables*. En ellos los mares surgen de la noche con las olas ojivales al pie de un castillo, o la letra menuda de una carta se desvanece ante los arbotantes de una catedral imponente y claroscura. El aliento de lo terrible se respira en esos dibujos apasionados que nos hablan de una naturaleza gótica hermanada a una arquitectura telúrica: imágenes de fuerzas que se levantan por encima del hombre.

Y al lado del Sena, en un calabozo gótico de La Conciergerie se suicidó uno de los más arquetípicos personajes de Balzac: Lucien de Rubempré, poeta que llega a París explorando detenidamente las posibilidades de vencer a las fuerzas contrarias a la vida, pero que termina hundiéndose en ellas. Lo gótico como experiencia cotidiana de lo terrible se ha solidificado en París, ahí tiene su arte y su geografía. Lugares y objetos que condicionan las oscilaciones afectivas de la ciudad, cauce y puentes del río de intensidades en el que Malte Laurids Brigge se ahogó.

La luz de las tinieblas

Una de las novedades introducidas por la construcción gótica en las iglesias fue la presencia de la luz. Filtrada por vitrales, entretejida en la obscuridad, detenida entre los arcos, la luz parecía no venir de afuera sino del interior mismo de la iglesia. Luces y sombras formaban un todo dentro de las construcciones góticas coherentes con el hecho de que santos y demonios ameritaban ser presentados simultáneamente en ellas. De la misma manera, el vértigo y la obscuridad que recorren a *Los cuadernos de Malte* tienen zonas de reposo y claridad, por ejemplo, en la escena donde Malte describe los tapices góticos de *La dama del unicornio*, expuestos en el palacio Cluny. Y ese punto blanco de calma que emana extrañamente de la angustia de Malte al mezclar su anhelo por una mujer, Abelone, con las imágenes de la dama tejida, ese punto blanco culmina abruptamente en el movimiento de la dama ofreciendo al unicornio su propia imagen en un espejo. Cuando el unicornio se mira, la narración se detiene. ¿Es el vacío, lo indescriptible? ¿Cuál es el sentido de ese blanco, supresión de angustias, al que Malte tiende y al que nunca llega? Tal vez la respuesta está en las mismas construcciones góticas.

En esas catedrales la luz está dirigida hacia una zona que será la más luminosa de las construcciones y ahí estará situado el altar, puesto que la luz dentro de la iglesia gótica está integrada al principio teológico: Dios es luz. En *Los cuadernos de Malte* las trayectorias luminosas parecen guiadas por un anhelo vital y amoroso que culmina en esa imagen del unicornio viéndose en el espejo que le tiende la dama. Esa imagen es para Malte una deseada *epifanía del amor correspondido.*

Esta respuesta parece confirmarse en otro libro de Rilke escrito en la misma época de *Los cuadernos.* En él un poema llamado "El Unicornio" describe la misma escena:

> Se acercó a una virgen, todo blanco
> y estuvo en el espejo de plata
> y estuvo en ella [...]
> que alguna vez el unicornio pueda
> encontrar su imagen
> apaciguada en el pesado espejo
> de tu alma.

La imagen del unicornio, por fin tranquila en el alma de la dama, es para Malte una ilustración del afán amoroso que finalmente encuentra su satisfacción. Pero Malte, mientras mira e interpreta los tapices de *La dama del unicornio,* sigue viviendo una intranquilidad profunda. Sus anhelos siguen encendidos y se dirigen hacia algo misterioso. Malte se describe a través de sus fragmentos como un enamorado especial, alguien con una sed inextinguible. Esa es su condición: ser él mismo una aspiración constante, inevitablemente acompañada de insatisfacción y de tristeza.

Pero ese descontento melancólico es, para él, lo que lo mueve a seguir buscando. No lo paraliza sino que lo estimula a seguir teniendo la inquietud del enamorado que busca intensamente. Hacia el final del libro, su obscura melancolía comienza a convertirse en virtud luminosa: luz de las tinieblas. Es el deseo de elevar su existencia, el movimiento misterioso por el cual, según Malte, las amantes no correspondidas son superiores a las que son amadas.

Se lanzan a la persecución de aquel a quien ellas han perdido, pero desde los primeros pasos rebasan al amado, y delante de ellas no queda sino Dios. Su leyenda es la de Byblis que persigue a Caunos. El empuje de su corazón la lleva a recorrer innumerables países siguiendo las huellas de quien amaba, hasta que agota sus fuerzas. Pero era tan poderoso lo que la movía, que cuando se abandona, más allá de su muerte reaparece convertida en manantial, en vertiginoso manantial.

Malte descubre así en la penumbra que lo disminuye y lo acarrea una fuerza clara que él puede hacer suya y que lo hace tender hacia una misteriosa intensidad personal.

Esa manera que tienen *Los cuadernos de Malte* de proponernos su misterio coincide con lo que Rilke dice de estos tapices góticos y que podría decirse también de las catedrales: "Nadie pronuncia tu nombre, Pierre D'Aubusson, grande entre los grandes de una casa muy antigua, por la voluntad de quien tal vez fueron tejidas *estas imágenes que todo lo que muestran lo celebran, pero sin revelar su misterio*".

En ese sentido, *Los cuadernos de Malte* son una obra gótica, arraigada no en lo que tradicionalmente conocemos como literatura gótica sino en una experiencia personal: *la experiencia directa de lo gótico* como súbita presencia de lo bello y de lo terrible en la vida cotidiana.

París es el suelo del que parte esa construcción imaginaria de Malte. La manera misteriosa con la cual lo terrible aparece ante la interioridad de Malte está cimentada en el espacio y la vida de esta ciudad singular. Esos cimientos, ya en el subsuelo, tocarán los ríos subterráneos de su infancia y de sus ancestros, de la muerte, del miedo y la melancolía. Malte fue anotando en sus cuadernos todas las intensidades vividas en su caída. Su historia es evidentemente la de un precipitado descenso, pero tiene un contrario implícito en la narración: el amor como fuerza ascendente.

Rilke prefería que la historia de Malte fuera leída a contracorriente y así lo explicaba en una carta a un escritor:

Muchos lectores rechazarán *Los cuadernos* como obra desesperada de un hombre decepcionado. Pero eso sería juzgarlos burdamente puesto que las fuerzas que en ellos se manifiestan no son completamente destructivas; aunque puede suceder que conduzcan a la destrucción, ya que ése es el reverso de toda gran fuerza. Es lo que el Antiguo Testamento expresa al decir que no se puede ver a un ángel sin morir. Pero estoy casi seguro de que usted entenderá el *Malte* en el sentido ascendente que es su verdadero sentido y el más decisivo. Es posible que algún lector, en un momento de debilidad, no vea en el libro sino su lado fatal. Y no excluyo que hasta cierto punto pueda ejercer una influencia dañina o una inútil aflicción. Desde hace tiempo me doy cuenta de que a los seres frágiles e inseguros de su evolución debo disuadirlos de que busquen en *Los cuadernos* un reflejo de sus propios obstáculos. Quien ceda a la tentación de caminar paralelamente a este libro descenderá fatalmente. *Los cuadernos* sólo podrán ser alegría para quien emprenda su lectura a contracorriente.

Al proponer que sus *Cuadernos* sean leídos como si se tratara no de algo leído sino vivido; que su lectura sea decisiva, Rilke se sitúa voluntariamente en una "literatura de experiencia". Y lo es, ya que cualquiera puede encontrar en los apuntes de Malte ecos de su propia vida y viceversa. Sin embargo Rilke no puede ser identificado completamente con Malte, su personaje. Y al proponer que *Los cuadernos* sean leídos en su sentido ascendente desea no sólo que se piense en lo que Malte no tuvo; Rilke desea también un desplazamiento en el que la experiencia importante no es precisamente la de Malte sino la de él mismo escribiendo.

En una carta, a Lou Andreas Salomé enviada justo al acabar el libro, Rilke decía: "el larguísimo periodo en el que escribí el *Malte Laurids* no me pareció un naufragio sino una ascensión extrañamente obscura hacia una región lejana y desolada del cielo". Porque en *Los cuadernos de Malte*, su parte oculta: la necesidad de escribirlos y el hecho de haberlos escrito venciendo todos los obstáculos, fue para Rilke la cara luminosa del ángel de las tinieblas. Porque según Rilke, "no puede haber en lo terrible nada tan refractario ni tan negativo que la acción compleja del trabajo creador no pueda transformar, con un gran excedente positivo, en prueba de la existencia, en voluntad de ser: en un ángel".

Melancolía geométrica e ironía
Alberto Savinio: el arte de las distancias

> El tiempo había dejado caer un teloncito triste
> sobre el espectáculo hechizado de los espejos.
>
> ALBERTO SAVINIO

Al mundo literario de Alberto Savinio se llega siempre por la tarde: su obra pertenece a los instantes más demorados del ocaso, cuando las sombras son más largas y las siluetas de los hombres están a punto de confundirse en la noche con las cosas. El mismo ambiente crepuscular domina en algunos cuadros notables de Giorgio de Chirico y muchas veces éstos nos permiten entrar, como por una puerta secreta, a los rincones más enigmáticos de la obra de Savinio. André Breton señaló con acierto esa comunicación profunda en el arte de los hermanos Giorgio y Andrea de Chirico (alias Alberto Savinio). Decía incluso que en algunos momentos estas obras gemelas son indiscernibles.

Podemos decir que ambas giran alrededor del mismo sol caído y que son atraídas por la misma fuerza de gravedad. Pero es necesario decir también que en el obscuro silencio astral donde hacen girar sus obras, los hermanos De Chirico intercambian luminosas sonrisas. Su marcada melancolía hace que su mirada se frote con tanta fuerza contra las cosas que se enciende en ironía. Savinio escribió, en *Nuove chose sull'ironia*, que "el hombre sólo alcanza el sentido irónico después de haber vivido la tragedia". Pero el privilegio de la ironía lo aleja de los otros hombres: "el ejercicio de una ironía connatural —escribe en *Tragedia dell'infanzia*— puede atenuar lo trágico constante de la vida. Pero la ironía no se da en el vulgo. Come, duerme, canta: el hombre común está en contacto permanente con la muerte". En esa distancia del hombre irónico, en esa separación de sus semejantes, entra de nuevo la tristeza como una lenta neblina que rodea sus sonrisas.

El comentario mencionado de Breton sobre Savinio y De Chirico —como un hecho significativo de esa sonrisa que se obtiene después de haber vivido una travesía por las corrientes subterráneas de la tragedia— se encuentra en su *Antología del humor negro*.

Breton veía en el mundo de símbolos nuevos y de formas enigmáticas creadas por estos hermanos, el surgimiento sonriente de lo que en el hombre se mantenía reprimido: su verdad profunda y obscura.

El mismo Savinio presenta —en su breve ensayo sobre *El nacimiento de la ironía*— un final terrible para el hombre irónico, vencedor sonriente de los males del mundo:

Después de pasar tantas pruebas y a pesar de la alegría que le daban sus victorias y la situación excepcional en que se encontraba, el hombre irónico se sintió oprimido por un dolor muy agudo. Miró la tierra y el mundo a su alrededor; todo se le mostraba con claridad. Pero una barrera había crecido entre él y la naturaleza prohibiéndole cualquier contacto y simpatía. Se vio condenado a tener una posición privilegiada pero solitaria y comprendió que era, aquí, sólo un extraño, un pasajero. Pero no se decepcionó y para sentirse fuerte se adaptó a la nueva situación […] Sentía, sin embargo, una grave y continua molestia que recorría su ser. Como si todos los enemigos sojuzgados, todas las dificultades vencidas, los terrores desvanecidos, las distancias acortadas, los abismos rellenados, los fantasmas desenmascarados, los descubrimientos realizados, las verdades establecidas, la naturaleza domada, todos los esfuerzos hechos y todos los resultados obtenidos con su potencia irónica le hubiesen dejado dentro las larvas que lo asediaban y lo mordían. Fue entonces cuando, por primera vez, se inclinó sobre el espejo y de inmediato tuvo que alejarse de él horrorizado ante el aspecto híbrido y monstruoso de su cara, sobre la cual vio reflejada toda la escoria que él creía haber erradicado de la tierra.

Y, por lo tanto, el hombre irónico padece ahora una más secreta melancolía detrás de su sonrisa y alrededor de ella.

En la pintura de Savinio esa melancolía toma forma de varias maneras que tienen en común *la distancia*: se vuelve elemento inseparable de la obra de arte un halo que la integra y al mismo tiempo la protege del mundo: crea una distancia saludable en la relación de la obra de arte con las cosas de la naturaleza.

Tal vez sea significativo de esta concepción el hecho de que, en su gran exposición de 1940, Savinio haya colocado todos los cuadros sobre un fondo negro y lo haya explicado así en el catálogo: "Lo que me sugiere el fondo negro es tal vez lo mismo que a Cimabue le sugería el fondo dorado: tenemos que *encerrar* a las imágenes de nuestra religión dentro de una zona noble, de reverencia y decoro".

Además de esto, que habla de la precaución, de la necesidad de aislamiento exigido por la posesión de un mundo poético personal, resulta que *la cosa* pintada se mantiene así alejada de los peligros de la naturaleza. El fondo negro como zona noble se encuentra también en su literatura, y desde su primer libro. En él encontramos ya la grandeza de un ánimo obscuro. En *Hermaphrodito*, Savinio describe su partida de Ferrara y la despedida de su hermano como un momento que "tiene la grandeza sombría de un acto fatal".

Otra forma de la melancolía como distancia se presenta en la obra de Savinio de modo contrario a la forma anterior: no ya como un valor positivo —la grandeza sombría que separa destacando— sino como uno negativo: la irremediable separación que todas las cosas del mundo tienen entre sí es nueva causa de desconcierto y de tristeza para el hombre. El *saber completo* (saberlo todo) ya no es posible, como lo dice Savinio en su *Nueva enciclopedia* haciendo referencia a Huizinga y a su libro de título melancólico, *El otoño de la Edad Media*. Lo real está hecho de "miembros dispersos", objetos geométricos que no tienen sentido en sí mismos pero que ya nunca lograrán integrarse al conjunto que se los daba.

De ahí que surjan cuadros de Savinio tan enigmáticos como *El navío perdido* o *Sodoma*, donde figuras geométricas que tienden a lo indefinible flotan en el aire o yacen encalladas al pie de mástiles en ruinas. Esta dispersión de lo real es lo que Giorgio de Chirico llamaba en su ensayo *Sull'Arte metafísica* "la soledad de los signos"; y que Jean Clair explica como el momento en el que "cada objeto, cada forma, cada línea aparece de ahora en adelante encerrado en su propia soledad, como flotando en una especie de vacío semántico, residuos de un mundo que los dioses y los demonios abandonaron para siempre".

Puesto que no hay posibilidad de que se recupere la supuesta unidad del mundo, Savinio nos propone —en la misma *Nueva enciclopedia*— que "renunciemos a la esperanza de un regreso a la homogeneidad de las ideas, es decir a un tipo de civilización antigua; y que busquemos más bien cómo pueden cohabitar de la manera menos sanguinaria posible las ideas más disparatadas, incluyendo en éstas a las más desesperadas". (Savinio hace aquí, en italiano, un juego de palabras entre las similares formas italianas *disparate* y *disperate*). Pero aunque tengamos conciencia de la inevitable separación disparatada del mundo, queda siempre el mito anterior y antiguo de la unidad, como un recurso de la imaginación nostálgica. De hecho, la separación es pensable porque se cree en la antigua unidad: ideal y decepción se complementan y se justifican mutuamente.

Así, el arte de Savinio expresa también una forma geométrica utópica: la de todas las distancias abolidas. Su encarnación es el hermafrodita: hombre y mujer al mismo tiempo, pero también síntesis armónica del mundo. Por eso el primer libro de Savinio se llama *Hermaphrodito* y describe la imposibilidad de ese mundo ideal en el que todo converge sin fricciones. "Ese mundo es falso" —grita el joven Savinio, y se pone a expresar esa falsedad en cuadros y cuentos—. Era un grito que no podía dejar de encantar a Breton y a los surrealistas, a los que rápidamente fueron incorporados los dos hermanos. No podían dejar de parecerles fascinantes las formas enigmáticas de ese desencanto creativo, de esa melancolía activa.

En vez de tender hacia la unidad utópica, los seres pintados por Savinio vienen de ella, son sus ruinas. Por ejemplo, hombres y mujeres tienen en sus cuadros, muchas veces, cabezas de animales que muestran con elocuencia el carácter de los personajes. Y "son tal vez —como explica Savinio mismo— un recuerdo del paraíso perdido [...] porque en la composición de la criatura perfecta, del hermafrodita, entraron en dosis superlativamente mesuradas los caballos, los leones, las águilas, los perros". Todos los monstruos de la obra de Savinio provienen de ese mundo ideal e imposible, son la expresión —algunos dirían "la denuncia"— de esa imposibilidad. El mismo origen tienen todos los muebles que hablan en sus cuentos, las paredes vivas, los sillones que abrazan: todos son ruinas dispersas del mundo hermafrodita. La pasión, que demuestra Savinio en su obra, por la cultura clásica, griega y latina, es también sin duda pasión y nostalgia de un mundo armónico.

La repentina aparición de un personaje mitológico, como Ícaro, en un campo de aviación, es de nuevo nostalgia, pero como en el caso de los monstruos y los muebles que hablan es al mismo tiempo risa: caricatura irónica que hace el autor de sus contemporáneos los hombres. Y, como ya lo vimos, melancolía e ironía en Savinio van de la mano.

La fuerza expresiva que encontró André Breton en esta obra lo llevó a escribir:

> Todo el mito moderno, aun en formación, se apoya originalmente en las dos obras, de carácter casi indiscernible, de Alberto Savinio y su hermano Giorgio de Chirico; obras que alcanzan su punto culminante antes de la guerra. Todos los recursos de lo visual y lo auditivo son movilizados simultáneamente por ellos para crear un lenguaje simbólico, concreto, universalmente inteligible, puesto que da cuenta, a un alto nivel, tanto de la realidad específica de la época como de la pregunta metafísica de esta época: la relación de los nuevos objetos que utiliza con los objetos antiguos, abandonados o no, es muy inquietante porque acrecienta en nosotros el sentimiento de *fatalidad*.

Como Breton lo señala con acierto, la melancolía geométrica de Savinio, además de ser añoranza de un teorema imposible, de ser expresión artística de esa imposibilidad y conciencia de la propia distancia con el mundo, es expresión geométrica de un destino, de una fatalidad.

En sus memorias y en otros textos sobre su hermano, Giorgio de Chirico describe a Savinio como el raro caso de un niño prodigio que siguió siendo prodigioso al crecer. Describe también, como una especie de fatalidad, la inevitable distancia con las demás personas que imponía ese privilegio artístico. Distancia también del aprecio público. Savinio murió en 1952, a los sesenta y un años; escribió más de veinte libros de cuentos, semblanzas de hombres y ciudades, obras de teatro, etcétera. El repertorio de sus cuadros suma más de mil y las obras musicales que compuso son decenas. Sin embargo, en vida tuvo, exclusivamente, el reconocimiento de una minoría elegida: los mejores siempre lo apreciaron.

En su país, sus libros no tuvieron en varias décadas el aprecio general que merecen. No fue sino hasta muy recientemente que Stefano Lanuza pudo escribir sobre Savinio:

> Ese autor atípico y hasta enigmático […] vuelve al centro del panorama cultural italiano, con un abigarrado séquito de númenes desacralizados y deshechos, de figuras antropomorfas, arcaicas y bizarras, de monstruos inquietantes, esculpidos como bajorrelieves en un halo de extraña dulzura e invadidos por una melancolía que es reconocimiento de la aguda inteligencia que los anima.

Melancolía sagrada
Pier Paolo Pasolini: la mirada de la muerte

Al terminar el tercer cuarto del siglo xx, Pier Paolo Pasolini fue asesinado. Con él moría en Europa una época: la
que une en un mismo círculo del tiempo y de las creencias
públicas a la resistencia antifascista y al terrorismo en las
grandes metrópolis, pasando por las guerrillas para "liberar
al tercer mundo". Todavía en el año de su muerte, muchos
intelectuales se atrevían a elogiar o justificar el terrorismo,
último avatar de la violencia con fines supuestamente no-
bles. Poco después muchos de los sueños utópicos armados
que tiñeron gran parte del siglo xx perdieron su credibilidad. Las puertas cedidas al espejismo utópico de nuestra era
comenzaron a cerrarse.

Que la pérdida de una utopía engendra rabia, y luego
una arrebatadora tristeza, lo muestran la obra y la "vida violenta" de Pasolini, signos claros de un tiempo que va de una
ilusión a la siguiente. Algunos meses antes de morir, Pasolini
escribe una abjuración de las creencias del siglo. Todos sus
sueños progresistas se le desvanecen. Hasta los cuerpos ino-
centes y gozosos que daban imágenes a su populismo elemental le parecen degradados, corruptos. Para Pasolini, "la
descomposición del presente implica la del pasado. La vida
es un montón de insignificantes e irónicas degradaciones".
Su última película, *Saló*, pertenece a ese ámbito posterior a
la abjuración y es, por lo tanto, una obra muy diferente a las
otras de Pasolini. *Saló* es ya una obra de final de siglo. Sería
muy fácil decir que Pasolini defendió todos los errores de su

tiempo, porque de hecho lo hizo, pero nada nos ayuda simplificar su figura. Fue el típico artista-héroe y antihéroe de la posguerra. Pero su drama fue complejo: conocerlo o tratar de comprenderlo debe ayudarnos a entender gran parte de las falsas ilusiones de nuestra época.

La mañana de noviembre que la muerte de Pasolini se hizo conocida, algo más que su muerte se desplegaba: sobre la narración policiaca de su asesinato, sobre la ceremonia imaginable de su tumultuoso entierro, se fue levantando como una voz decidida la certeza pública de que "a Pasolini lo mató el orden, el poder, el sistema". Se supo que apareció descuartizado en los alrededores de Roma, víctima de Pelosi, un adolescente dedicado a la prostitución cerca de la estación romana de Termini, donde Pasolini lo recogió aquella noche. Al enterarse de la noticia, Jean Paul Sartre, ayudando a erigir el mito de un Pasolini "víctima del capitalismo que elimina las diferencias", escribió a los tribunales italianos exigiendo que el proceso penal contra el asesino no se convirtiera en un juicio de la homosexualidad de Pasolini.

Mientras tanto, se tejieron las monumentales versiones del significado de su muerte: "asesinato de la diferencia sexual y de la disidencia política, violenta supresión de lo que escapa a las normas". Hubo por una parte su cuerpo inerte y, encima, como manto corrosivo, el inmenso valor simbólico al que esta muerte daba vida. ¿Mito de la víctima ejemplar? Tal vez sea María Antonietta Macciocchi quien con palabras más solemnes lo ha formulado: "Su asesinato equivale a un linchamiento en la plaza pública". Y casi todos en la misma plaza quieren aceptar como evidencia inquebrantable que esta muerte sea antes que nada un símbolo de la supresión social, o por lo menos, su alegoría. Su muerte ya no fue su muerte, sino un emblema.

El que viene a perturbar la evidencia es precisamente un amigo de Pasolini, Alberto Moravia. Contra la opinión ya endurecida afirma entonces en una controvertida entrevista que la muerte de Pasolini es *insignificante*, que no puede ser símbolo de nada:

Tuvo una muerte idiota. Fue un accidente, de la misma manera en que uno puede ser atropellado por un tranvía. Fue una muerte insignificante como la de Gaudí bajo un tranvía en Barcelona. Cada día se hacen millones de citas de homosexuales, pero ésta fue justamente en la que no hubo suerte.

—¿Entonces usted no mitifica esta muerte?

—No, fue una idiotez, me apena porque era un hombre extremadamente inteligente al que yo estaba muy apegado, pero debo decir que fue una muerte indigna de él... Yo he vivido con Pasolini, he viajado con él y sé bien lo que sucedía, lo vi con mis propios ojos, estuve con él en Marruecos, con él en la India y en África. Una de cada dos noches lo veía en Roma. Conocí muy bien su vida. Durante 25 años todas las noches hacía lo que hizo esa noche con Pelosi. Todas las noches. Por eso digo que fue un accidente.

Tal parece que esa vez, contra la tendencia cotidiana de cierta prensa que reduce los hechos políticos a crónica policiaca, el crimen tomó vertiginosamente un significado también político. Ahí está el cuerpo inerte y su manto corrosivo es ahora el vestuario del personaje que deberá actuar en "la plaza pública": siniestra dramaturgia la del cadáver en el papel de antihéroe.

Si Moravia tiene razón, si el asesinato fue una especie extrema de "accidente", más impresionante y dramático es el hecho de que una voluntad general quiera ver en el "accidente" un "complot del poder contra las disidencias". Más significativo de cierto funcionamiento social exacerbado es este mecanismo de sombras en el que si acaso el complot no existe es innegable la creencia pública en su existencia. ¿Todos lo creen porque lo ven?

Ahí está su cuerpo suprimido significando La Gran Supresión Despótica; pero esta vez La Gran Supresión no existe y el cuerpo está ahora en una realidad social como en un *teatro de alegorías*. La plaza pública es su escenario (no en vano se usa la expresión "la escena política") y el que ahora fue visto como víctima ejemplar, era visible en esta plaza como otro personaje desde hace tiempo. Pasolini llevaba más de veinte años siendo un personaje público. Crítico literario y poeta, polemista político, novelista y cineasta: es la lista de "especialidades" en las que se le clasifica.

Cada una de sus numerosas intervenciones públicas parecía cuidadosamente puesta en escena como si impulsando su papel de diferente político y sexual, hubiera un conocimiento de la teatralidad implícita siempre en las declaraciones y disputas de los intelectuales. Como si todo personaje público se viera inevitablemente sumergido en una máquina teatral y hubiera entonces una especie de dramaturgia personal que guiaba las apariciones de Pasolini al hacer la representación de sí mismo.

Esta posible dramaturgia —este conjunto de principios implícitos, fórmulas y coincidencias que parecen regular la representación del personaje Pasolini— fue distinguible desde sus primeros momentos como una necesidad de escapar a la manipulación que los medios de comunicación hacían de su figura. Desde la aparición de su primera novela (*I Ragazzi di Vita*, 1955) la prensa hace un escándalo: Pasolini es acusado de obscenidad ante un tribunal por sus descripciones de la vida del subproletariado romano. Viendo que la deformación de sus declaraciones es desmedida y su figura moldeada por los periodistas, él decide responder al escándalo con el escándalo. Cada vez que públicamente se le fija cierta imagen, él se la sacude, se desplaza, exagera o se calla. Entra o sale de "escena" como táctica de defensa vital. Su manera es una afirmación pasional de sí mismo. Como se trata de un esfuerzo por escapar a las sujeciones sociales, por remover las fijaciones que la historia reciente le impone a su cuerpo, *el escándalo sobre el escándalo* termina convirtiéndose para Pasolini en una fórmula de intervención política. Así, en un discurso dirigido al Partido Radical Italiano hablaba de la manera en que varias formas de acción política se habían convertido en nuevo conformismo de izquierda, y terminaba diciendo: "Contra todo esto, ustedes deben (creo yo) continuar siendo ustedes mismos: lo que significa hacerse *irreconocibles*. Olvidar pronto sus éxitos y continuar impertinentes, obstinados, eternamente opositores, pretendiendo, queriendo, identificándose con los *diferentes*; escandalizando, blasfemando".

Pasolini piensa sus intervenciones, las pone en escena, prevé el tipo de relación que establecerá con el público, adopta los rasgos de opositor infatigable. ¿Por qué extrañarse entonces de que su incesante aparición como diferente recibiera el suplemento no menos mítico de su muerte como asesinato de todas las diferencias? Esa extraña dramaturgia de su vida puso en escena hasta su misma muerte.

Dramaturgia y pasión

Dijiste que deseabas regresar a tu pueblo, pero aquel
no era tu pueblo. Así el engaño
de hoy te revelaba el de otro tiempo, infeliz.
Nunca nada te fue verdadero. Nunca estuviste.
Tus versos están. Tus monstruosos gritos.
Como los miembros del descuartizado sobre el escenario.

FRANCO FORTINI
En la muerte de P. P. Pasolini

Versos y gritos: la voz de Pasolini vive templando el sonido de sus movimientos. Su voz pública tiene entre otros un efecto político: va cortando la tela de las certezas sociales justamente ahí donde nadie espera que la división ocurra. Cuando se creyó, por ejemplo, que apoyaría el movimiento estudiantil del 68, él se opone sorpresivamente a los jóvenes rebeldes acusándolos de conformistas y burgueses. Publica su manifiesto: *El PCI a los jóvenes: apuntes en verso para una poesía en prosa*, donde les dice lo inusitado:

Ustedes tienen cara de hijos de papá,
buena raza no miente.
Tienen el mismo ojo malo,
son miedosos, torpes, desesperados
(muy bien) pero saben también cómo ser
prepotentes, chantajistas, seguros:
prerrogativas pequeñoburguesas, amigos.
Cuando ayer en Valle Giulia se enfrentaron a golpes
con los policías, yo simpatizaba con los policías.

Pasolini dijo haber estado impresionado por la arrogante certeza que los estudiantes tenían de estar haciendo una revolución.

El escándalo fue seguro y más de un estudiante trató de golpearlo. La intervención "dramatizada" de Pasolini removía la credibilidad de un teatro anterior cuyas *representaciones* se hacían pasar por hechos no teatrales sino naturales, evidentes. La dramaturgia pública de Pasolini es entonces esa manera personal de aparecer en el drama anterior, sacudiéndolo, dejando ver al público que se trata solamente de una puesta en escena. Intervenir en la vida de una manera teatral para develar la teatralidad de la vida.

El curioso procedimiento de Pasolini es comparable a la manera en la cual Brecht decide, en 1931, provocar un "escándalo" cuando algunos productores de cine modifican arbitrariamente una de sus obras de teatro. Él acepta llevar a cabo un proceso judicial y actuar como "autor perjudicado"; pero no lo hace como alguien que apela a la institución de la justicia y espera todo de ella. Lo que le interesa es la oportunidad de elaborar eso que él llamará una "experiencia sociológica". Pasolini sigue un procedimiento inverso: él hiperdramatiza su participación, sólo se hace *irreconocible* a través de una intensa afirmación pasional de sí mismo. Aunque ambos parecen decidir sus intervenciones públicas como una dramaturgia, para uno es de *distancia* mientras que para el otro es de *énfasis*. Se puede decir que de manera absoluta eso que Pasolini llama "una voluntad poética" impregna toda su producción. Lo que en Brecht es una *dramaturgia* en Pasolini es una *poética*.

Pasolini es más conocido fuera de Italia por sus películas que por sus poemas, sin embargo, publica su último libro de poemas un año antes de morir, y varios años antes de hacer su primera película había publicado por lo menos cuatro libros de poesía y dos novelas. Su actividad como crítico literario era determinante en la cultura italiana de los cincuenta, y cuando en 1961 comienza a filmar declara que lo hace como poeta. Uno de sus ensayos más conocidos se llama precisamente *El cine de poesía*. Sus novelas son narraciones poéticas que él mismo comenta en un epigrama enviado a una revista como respuesta a un cuestionario: *la prosa es la poesía que la poesía no es*. Su crítica literaria se va convirtiendo en la reflexión sobre esta poética extensiva; en argumentación y reflejo de sí mismo (una especie de autorretrato indirecto). En la época en que Pasolini escribía poesía en friulano escribió además una historia de la poesía dialectal y otra de la poesía popular. Pero varios años después, cuando su "actitud poética" se había vertido literalmente en casi todos sus trabajos, escribió un ensayo titulado *La voluntad de*

Dante de ser poeta. Poco antes había emprendido la redacción de *La divina mímesis,* especie de paráfrasis, versión autobiográfica de *La divina comedia.* En su principal obra de teatro, *Calderón,* los diálogos de los personajes están en el mismo tono en el que lo está su poesía. Son réplicas confesionales de versificación variable, cada una un canto de lo cotidiano y una polémica, como si Pasolini hubiera decidido poner en voz de varios sus poemas, multiplicando y variando ese personaje imaginario que es siempre "el narrador" (el poeta). En cuanto a sus intervenciones públicas, ya hemos dicho que su manera es en todo caso la de una dramaturgia pasional. Lo que hemos llamado su participación en un "teatro de alegorías" es literalmente una elaboración imaginaria y pasional de su papel en los actos políticos. Una creación alegórica de su personaje público: *el hereje, el corsario, el diferente, el poeta.* Esa voluntad poética es sobre todo una intensa modulación de sus diferentes actividades, es el impulso que les da una existencia pasional. La pasión es para Pasolini el modo de ser de la poesía. Uno de sus libros sobre la poesía italiana se llama precisamente *Pasión e ideología.*

¿De qué manera es posible pensar entonces en una poética de Pasolini? No un conjunto de leyes y presupuestos que regulen su manera de hacer poemas, sino más bien un "impulso de vitalidad extendida", una pasión general que es al mismo tiempo manera de vivir y de escribir: confluencia explosiva de una ética, una retórica y una política.

> Pasolini entendía la poesía —dice Moravia— como un acercamiento inmediato con la realidad, no mediatizado a través de la cultura o de la razón, un acercamiento completamente irracional que ni siquiera calificaría de intuitivo, *sino como una relación de sensualidad refinada, de simpatía con lo real.* En ese sentido hay que decir que Pasolini es poético como ensayista, cineasta, novelista y poeta.

Es una concepción de la poesía que no es formulada en axiomas y demostraciones. Es una poética inestable. Se ve en lo que queda escrito o filmado después de las variaciones continuas que reconoce esa voluntad poética. Lo que se puede formular entonces son esas variaciones continuas: no reglas de creación o de composición literaria ejemplificadas con diferentes "casos", sino tendencias, líneas y transformaciones: operaciones y efectos de un inestable principio de elaboración poética.

El contagio

Esta poética de todas las materias que son contagiadas por el poema es sobre todo una voluntad de propagar poesía: un tenso proyecto que se entreteje con la realidad, que humedece con su sustancia los hilos que toca. Nosotros podemos verla en películas, novelas, y hasta en actitudes, como un contagio. Término claramente corporal, el contagio designa una fluidez entre las cosas, una disponibilidad del cuerpo para ser impregnado, afectado: "Yo siento en mí los datos físicos de la vida, el sol, la hierba, la juventud; es un vicio mucho más terrible que el de la cocaína, no me cuesta nada y hay una abundancia infinita, sin límites yo devoro, devoro". La contaminación poética disemina al mismo tiempo una especie de "salud" elemental (menor, negativa). En ese movimiento de suave contacto con "los datos físicos de la vida", el cuerpo recién afectado se aleja de los lenguajes institucionales, de los dogmas.

Hacer un cine poético, una novela poética, es la manera de evitar las posibles "normalizaciones" del cine y de la novela: las normas implícitas que, como algo natural, asume el que escribe, el que filma. Pero este lenguaje afectado de ninguna manera se constituye en "universo del arte puro". La poesía atraviesa todo, pero al mismo tiempo es atravesada por todo, comenzando por la política. Esta concepción de la poesía no se puede confundir con aquellas (la de Benedetto Croce por ejemplo) que consideran poético todo en el mundo, por ser "expresión natural, inmanente a las cosas". En la concepción de Pasolini hay una especie de historicidad que atraviesa lo poético, que lo hace comenzar en un momento y terminar en otro, por motivos que el poeta no controla completamente. No es que el contexto histórico condicione drásticamente lo poético sino que lo atraviesa de diversas maneras (lo que es muy diferente): se entreteje con la poesía, la contagia. Entonces, esa salud negativa que se disemina en la contaminación no puede confundirse con la pureza del arte pero tampoco con la pureza de "La Buena Causa Ideológica".

El poeta de veinte años que en 1942 acababa de llegar al Friul sin conocer el dialecto friulano, comienza a darse cuenta de que su poesía se contamina. Eso que al principio era solamente un efecto de su inmersión en la vida del lugar se va convirtiendo poco a poco en una especie de "militantismo cultural". Escribir en dialecto significa para Pasolini, en esa época, una manera de oponerse desde una minoría al esfuerzo mussoliniano de unificación nacional. Por otra parte, al escribir en friulano, su poesía (que antes estaba influida por el hermetismo y el decadentismo italianos) se impregna de las nuevas cualidades que Pasolini encuentra en la vida campesina.

Él considera que, justamente a partir de ese momento de impregnación, a pesar de haber escrito versos desde hacía varios años, puede comenzar a considerarse poeta. Al sumergirse en los hábitos de la gente del lugar, se va formando una lengua modificada que ya no es la suya ni la de ellos; es la de su primer libro *Poesía en Casarsa*, materia contaminada, escrita en los límites del dialecto.

Porque Pasolini no hace una elección de dos universos que se enfrentan: el italiano oficial contra el friulano "popular", sino que en el mismo dialecto elige un borde. Se quiere diferenciar también de los intelectuales locales que buscan una pureza lingüística como garantía del "arte popular", de la "buena causa ideológica". Se puede decir de Pasolini lo que él mismo escribió de Dante: que su elección del florentino (el "vulgar") como lengua contrapuesta al latín es en el fondo menos importante e interesante que las diferentes elecciones que Dante hizo del "vulgar", del florentino. "Dante combatía en dos frentes —escribe Pasolini en uno de sus más conocidos ensayos—: el universal de oposición al latín, y el particular en oposición a una eventual institucionalización conformista del vulgar".

La poesía de Pasolini siempre se sitúa voluntariamente en varias "marginalidades" a la vez. Siguiendo su esquema de los "frentes" se pueden encontrar varias oposiciones que son consideradas en sus decisiones poéticas, como si en él constituyera conscientemente un extraño pensamiento estratégico de la poesía. Así, él no deja de ver la elaboración de un poema, de un diálogo, de una película, como un problema de táctica poética. Por ejemplo, en el cine, sus composiciones de la imagen se ven casi siempre contaminadas por la pintura.

No se trata de que a Pasolini le guste "citar" cuadros, sino que provoca el contacto de la pintura con el cine para afectar la normalidad de la descripción cinematográfica y así escapar a las determinaciones (casi siempre inconscientes) que impone el cine de gran consumo. Pero al situarse al borde de esa sujeción el problema no termina, puesto que tiene que escapar también a otra gran sujeción del cine: la del arte de estereotipos infalibles. Entonces, cada vez que es identificable un cuadro en sus imágenes lo modifica, desplaza la cámara, cambia algo para desvanecer la referencia prestigiosa. Su voluntad de hacer un cine poético es visible también en esas tácticas para impedir que la contaminación se convierta en la pureza segura del arte cinematográfico instituido. Su cine está siempre huyendo y tocando, inevitablemente rechazando y apoyándose en esos dos bordes: el arte y el consumo. La contaminación poética es lo que le permite participar, con una estrategia, en ese juego de diversos frentes, negando a sus opositores pero apoyándose en ellos para afirmar su poesía.

Entre los frentes se encuentra uno de los bordes ideológicos a evitar, el de los dogmas. Su novela *Una vida violenta* cuenta la historia de jóvenes subproletarios que viven en los alrededores de Roma, y termina con una especie de final feliz en el que el protagonista encuentra una salida de su condición al tener una experiencia política. Así contada, esta anécdota conclusiva difícilmente puede dejar de asociarse con un moralismo político, pero en la novela esa conclusión es considerada solamente a través del personaje que la está viviendo. De esa manera, no se trata de una afirmación final que pueda ser generalizada, y lo que fácilmente ejemplificaría una norma de conducta sigue siendo tan sólo la narración de la experiencia de un personaje. Explica Pasolini que para relativizar su anécdota final era indispensable que la lengua del narrador se viera contaminada por el dialecto romano que hablaban sus personajes. Así, la voz que narra no se sitúa en una relación de autoridad incuestionable con respecto a los personajes y sus acciones. No deja de haber una conclusión política, pero es una que niega voluntariamente el dogma mientras es afirmación narrativa, necesariamente relativa.

Para Pasolini el primer valor a conservar es el de la poesía, sin creer que sea independiente de una política pero sin subordinarla nunca a esta última. Prefiere hacer desaparecer una conclusión antes de que la narración se vuelva dogmática. Al hacer su primera película se encuentra con el problema de que no domina la técnica de la narración cinematográfica de la misma manera que domina las técnicas literarias. Por eso decide, en *Accatone* (la película basada en *Una vida violenta*) suprimir el final que había en la novela. La película termina con la muerte del protagonista. Las imágenes de la narración no podían ser contaminadas por la lengua de los personajes, se necesitaba otra solución técnica para el cine. "No he osado afrontar explícitamente un problema de tipo social [...] temía no tener, técnicamente, la fuerza necesaria para superar el problema y hacer de él poesía, o por lo menos literatura; temía que se quedara como algo instrumental".

Esta relación jerárquica entre la poesía y la afirmación política ya está formulada en una nota donde comenta el título de uno de sus libros: *Pasión e ideología*, donde la "e" entre las dos palabras no quiere decir pasión ideológica ni apasionada ideología, o por lo menos no es ése su primer significado. Tampoco intenta ser una yuxtaposición: pasión y al mismo tiempo ideología. En cambio quiere ser, si no una "e" adversativa, por lo menos disyuntiva, en el sentido en el que se introduce una gradación cronológica: primero pasión y después ideología, o mejor aún, primero pasión pero después ideología.

Muchos años después, al terminar *La trilogía de la vida* (*El Decamerón*, *Los cuentos de Canterbury*, *Las mil y una noches*) Pasolini emprende una polémica contra todos aquellos que le piden un cine expresamente político y rechazan su cine de poesía. Lo que casi nadie sabe es que en esa misma época Pasolini participa de forma anónima en una película colectiva (llamada *Doce de diciembre*) para el grupo político de extrema izquierda Lotta Continua; y mientras tanto sostiene públicamente una argumentación irrefutable contra el cine de melodramas políticos progresistas al estilo de Bertolucci, Costa-Gavras, Petri, etcétera. Son para él películas de un realismo falso y consolatorio. Una moda que deja siempre quietas a las conciencias; que en vez de suscitar polémicas las aplaca. Cuando el espectador no tiene dudas porque sabe inmediatamente qué partido tomar en las oposiciones que le presenta la película, todo queda tranquilo.

Contra todo esto Pasolini provoca una contaminación poética de la narración que no simplifique la realidad con el pretexto de ser realista. A la buena conciencia del cine fácilmente político él opone "una alegría de narrar" y de ver cine, no un cine realista sino un cine contaminado poéticamente por la realidad.

La trilogía de la vida fue ferozmente criticada por la prensa y los especialistas de cine en nombre de un compromiso político. La crítica era incapaz de comprender las implicaciones políticas de hacer poesía en esas condiciones: "Todos los que no dejan de preguntarme cuándo haré películas políticas, no han entendido que si de mí esperan el escándalo, el escándalo es éste precisamente".

La mirada: templo de la muerte

Obsesiva, como un sueño que regresa, la imagen de la muerte reina en gran parte de las películas, los poemas y las novelas de Pasolini. Pero es una muerte que salva: que da sentido. Se trata de la muerte como *pasión*: como suplicio final que ordena y da su verdadero significado a las agitaciones de la vida. La misma horrenda muerte de Pasolini, su propia *pasión*, se parece brutalmente a muchos de los padecimientos finales de sus personajes.

Su obra, vista desde la escena de la muerte, toma forma de su edificio ritual, consagrado a la contemplación de la muerte por suplicio, la aniquilación sagrada. Para Pasolini, el poeta es aquel que contempla esa muerte y la siente propia. Muchas de las fotografías de Pasolini lo muestran poseído por esa visión: ver, para él, es una forma de padecer, en el sentido sagrado de ese verbo. Sus ojos tristes, por lo tanto, muestran una gran resignación. De qué otra manera se puede mirar, por ejemplo, esa pintura de Mantegna donde un Cristo muerto yace con los pies hacia nosotros y la perspectiva del cuadro nos impone una conmovedora, terrible cercanía con el muerto.

De qué otra manera se pueden ver las tomas finales de su película *Mamma Roma*, donde un adolescente, filmado por Pasolini con la imagen del Cristo de Mantegna en la mente, padece en un hospital psiquiátrico una agonía que describió así en su novela del mismo nombre:

> Ettore vuelve a gritar y a agitarse en su lecho de cemento, con los puños y tobillos atados. También su pecho está ceñido por cuerdas que lo mantienen firmemente unido al cemento. Como ya no puede sino agitarse como un animalito al que le han puesto un pie encima, da continuos y obstinados golpes de cadera, hace un arco con la espalda, saca el pecho. Lleva tan sólo unos sucios calzoncillos blancos. Se agita inútilmente, como un insecto pisoteado que no sabe por qué, ni cómo, ni quién, y cree ingenuamente que agitándose podrá conseguir algo: la vida, que apenas llegó a conocer y que ya ha perdido. Así, esos calzoncillos blancos en el vientre que se contorsiona, cede, vuelve a levantarse, son ya como un andrajo que se agita apenas, tan sólo un poco más blanco que la blancura brutal del amanecer.

Lo sagrado y el rito

En la concepción de Pasolini la poesía filmada o escrita es una "relación de refinada sensualidad con lo real", esa relación es al mismo tiempo acto de fascinación y contacto convulsivo. Hay en esa relación de refinada sensualidad una mirada que asegura una tensión especial entre las cosas y el cuerpo que mira. Es una ceremonia elemental la de ver así al mundo y la naturaleza ya no puede ser vista como natural en sí misma: el modo de ser de la mirada, su movimiento, es el de la fascinación por algo "sagrado". La poesía se produce así en este estado de fascinación frente a los objetos: "Al filmar —dice Pasolini— las caras, las cosas, los paisajes, las voces, me parecen artefactos cargados de sacralidad y a punto de explotar". Y como para Pier Paolo Pasolini filmar o escribir es hacer una reconstrucción del mundo incluyendo en ella la presencia indispensable de lo sagrado, la elaboración poética no puede dejar de ser un rito.

Durante la filmación del *Evangelio según San Mateo*, Pasolini había comenzado el trabajo y a los dos días decide interrumpirlo. Tuvo la sensación de estar equivocando los procedimientos para acercarse a las cosas. Comienza de nuevo modificando todos los encuadres, todos los movimientos, los lentes, las posiciones de la cámara. Los pasos iniciáticos a la dimensión de lo sagrado no habían sido dados con suficiente certeza. Filmar es un rito y el procedimiento ritual no puede pensarse sin técnica. En sus entrevistas, Pasolini habla varias veces de la técnica relacionándola con lo sagrado. Cada tema, cada momento, requiere una variación de la técnica: hay técnicas reverenciales y hay otras comunes, utilizadas con indiferencia: hay técnicas que resaltan lo "sagrado" del mundo y otras que lo sofocan. En el cine, la narración de gran consumo sofoca lo sagrado. En poesía, su técnica varía a cada momento porque, según él, una relación amenazadora entre el poder, la técnica y lo sagrado va arrinconando al que escribe: "Yo defiendo lo sagrado porque es la parte del hombre que menos resiste a la profanación del poder, es la más amenazada por las instituciones y las iglesias". Tres rituales: invocación del centauro, herejía, abjuración, marcaban en Pasolini su manera de relacionarse con lo sagrado.

A. El centauro. En su película *Medea*, Pasolini intenta hacer una confrontación del universo arcaico, clerical, representado por Medea, con el universo racional y moderno representado por Jasón. Un hombre que ha perdido el sentido de lo sagrado frente a una mujer que pertenece a otra cultura. Son dos civilizaciones irreductibles una a la otra, cuyo contacto produce la tragedia. Medea se integra amorosamente al mundo de Jasón, llega a matar a sus hijos y a negar lo mítico. Pero justamente cuando la desacralización parece irreparable, lo sagrado irrumpe en la vida cotidiana: de pronto, un centauro aparece y llama a Jasón por su nombre. Lo sagrado no desaparece nunca por completo de la sociedad moderna y puede reaparecer en cualquier momento. El rito de Pasolini es técnica propiciatoria: la poesía permite provocar la reaparición del centauro. Pasolini niega ser católico pero nunca niega su religiosidad. Se declara marxista y ateo, pero con una innegable visión religiosa del mundo. Nada escapa para él a lo sagrado y querer sofocarlo es precisamente una actitud de poder, de Iglesia. Opone al dogma religioso una religiosidad elemental. Sus textos sobre la sociedad son fácilmente relacionables con la argumentación de los católicos que dicen: una cosa es la verdad de la Iglesia y otra su historia humana. El argumento de Pasolini es mucho más elemental: opone a la Iglesia como poder represivo instituido desde san Pablo, la vida comunitaria y religiosa tal como la conoció en su adolescencia, con los campesinos de la región de Friul. "Lo sagrado —escribe Bataille— no es sino un momento privilegiado de *unidad comunitaria*, momento de *comunicación convulsiva* de lo que ordinariamente está sofocado". Para Pasolini, la diversidad sexual estará también del lado de lo sagrado elemental. Uno de sus poemas contrapone un dios autoritario y despótico a un Cristo inevitablemente herido y "diferente":

Cristo, tu cuerpo de jovencita,
crucificado por dos extranjeros.
Dos lindos muchachos
de rojas espaldas,
de ojos celestes.
Golpeando los clavos
hacen que un trapo tiemble
sobre tu vientre.

"Mi filosofía —dice Pasolini— o por lo menos lo que yo creo que ella es, o sea mi modo de vida, no es en definitiva sino un amor por la realidad, un amor alucinado, infantil y pragmático. Un amor religioso además, en la medida en que se basa de cierta manera, por analogía, en una especie de inmenso fetichismo sexual".

B. La herejía. Esta noción de lo sagrado en la que sin pertenecer a la Iglesia Pasolini es religioso y crítico de la institución, persigue voluntariamente el modelo del hereje: alguien que rechaza a la institución, que está excluido de ella pero que, al mismo tiempo, no se separa completamente de ella. Del hereje se puede decir que está incluido como excluido, o que su función para la institución sólo se ejerce desde afuera. Pasolini es tan consciente de este funcionamiento que uno de sus libros de ensayos se titula precisamente *Empirismo herético*, otro *Escritos corsarios*, y el último de manera no menos significativa se llama *Cartas luteranas*. La herejía de Pasolini es también una especie de Reforma que busca la restitución del orden anterior: del pasado. Ante la podredumbre de la Iglesia y de sus oficiantes, no queda sino lo sagrado en la unidad comunitaria de los diferentes de todo tipo. Ante la falsa religiosidad presente, Pasolini busca la religiosidad elemental del pasado, llena de lo sagrado, lo poético de los cuerpos y el sexo.

Esta posición de estar adentro desde afuera, "blasfemando" contra la institución que ha traicionado lo elemental, es también la posición que Pasolini tiene con respecto al Partido Comunista Italiano, esa otra gran Iglesia: situado en una minoría que no pertenece al partido, lo apoya y vota algunas veces por él, pero sostiene con los partidarios polémicas feroces y los critica constantemente. Más de una vez Pasolini es condenado por el PCI y siempre con múltiples acusaciones moralistas. La primera, en su juventud, durante la posguerra. Pasolini era maestro rural en el Friul a los veintisiete años, y dirigía una campaña contra la Democracia Cristiana que intentaba, como antes Mussolini, uniformar la lengua de las regiones italianas. La DC buscó una manera de deshacerse de Pasolini, lo espió, lo acusó públicamente de homosexualidad. Consiguió así quitarle el trabajo. Pasolini era miembro del PCI y pidió al comité local una defensa en su caso. Pero ellos también lo condenaron en nombre de una moralidad que se había vuelto consigna del partido desde que Togliatti, el secretario general, había condenado la posición de Gide frente a la URSS usando como argumento central un juicio despectivo de la homosexualidad.

Pasolini se convierte para el Partido Comunista en un compañero de ruta no deseado, y para la sociedad italiana en una especie de opositor profesional, un corsario, como él prefería llamarse. La herejía era uno más de sus ritos.

C. La abjuración. Si la poesía es un ritual para provocar la reaparición de lo sagrado, la vida del poeta es una sucesión de actos de fe. Hay por lo tanto, inevitablemente, un mito que moviliza la vida: Pasolini lo vive corporalmente. Para él, es el avance de la historia, del capitalismo, lo que desacraliza su cuerpo y lo condena. El gran mito deberá hablar entonces de los cuerpos originarios, sagrados, gozosos que el capitalismo va haciendo desaparecer. Hay en Pasolini al lado de la visión mítica una especie de profecía de Apocalipsis: el momento en el que la sociedad del consumo profanador habrá aniquilado a las masas de diferentes. Y los diferentes son sucesivamente, en su vida y en su obra, los campesinos del Friul, los subproletarios romanos, los habitantes marginales de Oriente y África: ellos pueblan, para Pasolini, los tres periodos míticos anteriores al Apocalipsis, sus tres grandes sesiones poéticas. Cada una de ellas es el tiempo de una creencia y termina por eso con un abandono público y solemne de la fe sostenida hasta ese momento. Cada periodo mítico termina con una abjuración. La abjuración de abjuraciones será precisamente la del Apocalipsis que llega en junio de 1975, cuando Pasolini sostiene en un texto célebre que la desaparición de los marginales ha sido definitivamente concluida. Ya no puede haber metamorfosis de los campesinos en subproletarios, y de éstos en habitantes del Oriente. "Ha sucedido una mutación antropológica", escribe entonces.

Su *Abjuración* de junio de 1975 no es solamente la clausura de su último periodo mítico, sino que con ella niega definitivamente las creencias políticas y poéticas que Pasolini había sostenido tenazmente durante los últimos veinte años de su vida. Por eso *Saló*, la única película que pudo hacer entre su texto de *Abjuración* y su muerte, es tan radicalmente diferente a todas las anteriores.

Saló y la *Abjuración* cerraron para Pasolini una época y a la vez abrieron lo que tal vez sería su cuarto periodo mítico. *Saló* es una alegoría de lo que Pasolini describió en su *Abjuración*: la histórica degradación de los cuerpos. En esa película cuatro fascistas que han leído a Sade intentan instaurar una sociedad igual a la de *Los 120 días de Sodoma*. Secuestran a varios jóvenes, hombres y mujeres, llevan a cabo los rituales que sólo los cuatro fascistas gozan y al final torturan a sus víctimas. Alegoría de la degradación de los cuerpos en manos del poder, pero también de la completa degradación de todas las creencias de Pasolini, cuyas tres principales sesiones pueden resumirse esquemáticamente así:

Primera: *el campo.* Son los años de su vida en el Friul, de su participación en la resistencia primero y luego de sus inicios en el marxismo. En la posguerra vive de cerca las rebeliones campesinas contra los latifundistas. Lo que él llama su "descubrimiento de Marx" estará contradictoriamente subordinado a la formación de un mito del campesinado como único universo posible.

Éste es al final de cuentas el mito que muere con la última *Abjuración*, puesto que los mitos siguientes no serán sino metamorfosis del primero. Por esto más de una vez Pasolini fue acusado, con razón, de "populista". Lo cierto es que pocos años después, al desaparecer completamente el modo de vida tradicional de los campesinos friulanos, esta primera forma mítica ya no era sostenible.

Segunda: *de las colonias populares a los países "marginales".* El traslado a la ciudad en los años cincuenta reduce el espacio de lo "auténtico" a las zonas excluidas, miserables, de los alrededores de Roma. Las dos primeras novelas de Pasolini y sus dos primeras películas fijan la imagen de esa vida subproletaria, violenta, agredida por la burguesía. En los años setenta sobrepone a los subproletarios la "marginalidad" del África, de la India, de los países a donde Pasolini viaja; es el tiempo de "los pueblos en liberación".

Tercera: *hacia el Oriente.* Se desvanece cada vez más "la supervivencia del pasado" en los excluidos. El idilio con la "marginalidad" se vuelve imposible y las narraciones de Pasolini dejan de referirse por completo a situaciones contemporáneas, enfatizando la diferencia originaria de los cuerpos y del sexo. Como en *La trilogía de la vida.*

El Apocalipsis en la poética de Pasolini llega con el texto de la *Abjuración* y con *Saló* como imagen. Muerto definitivamente el mito de las santas diferencias se evapora la posibilidad de afirmar la propia diferencia. Si en la sacralidad de los mundos marginales se incluía la diversidad sexual, ésta desaparece con ellos. A partir de la *Abjuración* la homosexualidad ya no puede ser vista como parte de los mundos "auténticos". La "autenticidad" espiritual y cultural de los mundos excluidos ha sido definitivamente arruinada. *Saló* es una película alegórica, sin duda, pero no del fascismo actual o el de los treinta, como se ha escrito, sino alegórica de esa ruina de los cuerpos que se menciona en la *Abjuración*. Pero la *Abjuración* es a su vez una alegoría de la propia negación corporal que a Pasolini le otorga una historia. En este círculo de alegorías, la violencia ejercida en *Saló* contra el cuerpo es narrada con la violencia de quien la siente íntima, profunda. No exagero diciendo que su película *Saló* está en los límites de lo soportable: literalmente, en el límite de lo que ahora la sensibilidad del público puede soportar, pero también en el límite desde el que se puede narrar, mostrar, la insoportable imagen de la propia aniquilación. Así, la obra de Pier Paolo Pasolini hace de la mirada un templo dedicado a la muerte.

Melancolía paradójica
Italo Calvino: la última sonrisa

Sentado frente al público, en silencio, con la mano en la mejilla como en las figuras típicas de la melancolía, Italo Calvino parecía escuchar con gran paciencia al hombre que, a su lado, participaba en la misma mesa redonda y hablaba sobre Calvino con aparente certeza y entusiasmo desde hacía una hora.

De pronto, Calvino inclinó la cabeza y se llevó la mano a la frente amplia, como para leer algo que tenía en la mesa o escuchar con más concentración. Pero nada había sobre la mesa. Su aparente concentración también se reveló falsa cuando fue interpelado por el conferenciante sin darse cuenta de ello.

Estaba en otro paisaje mental, muy alejado de esa sala repleta que había ido a oírlo (a él, no a la persona que efusivamente acaparaba la palabra). De pronto, sonreía sin que hubiera aparente relación entre su sonrisa y lo que sucedía en la sala. Cuando finalmente le tocó hablar, su incomodidad aumentó visiblemente: sus gestos eran simples pero titubeantes, su mirada acuciosa pero intranquila, y en sus palabras se notaba un desacuerdo entre lo sutil de su pensamiento y las burdas posibilidades que a él le ofrecía la lengua extranjera en la que tenía que dirigirse al público. Llegó un momento en el que decidió leer algunos de sus textos: en la página escrita se movía con mayor soltura, poniendo completamente al descubierto una agudeza mental y una perfección en el acabado del texto que no dejaban dudas sobre su genio narrativo.

Para hablar de Calvino (pero claro, también de otros grandes escritores contemporáneos) habría que recuperar la otra, la más antigua noción del *genio artístico*: era genial quien trabajaba la materia de su arte hasta sus últimas consecuencias —hasta su máxima perfección—, y no solamente quien nacía con dotes especiales. En ese sentido, las obsesivas piezas narrativas de Calvino son geniales.

En aquella ocasión leyó algunos fragmentos de sus *Ciudades invisibles*, que es tal vez su libro más popular, pero también el más perfecto y plural: en él coinciden de manera asombrosamente armónica, entre otras, una vertiente poética; una vertiente de imaginación lógica y sistemática; una más de fascinación exótica (pero de un exotismo veloz que de pronto tiene su realidad en Oriente pero más tarde en una gran ciudad contemporánea, después en un pasado cavernícola que parece paradójicamente ser a la vez un futuro de ciencia ficción).

Hay sin duda también una vertiente sutilmente filosófica: la que sirve de base al libro, en la que Marco Polo describe con señas al Kublai Khan las ciudades maravillosas que ha conocido, constituye —con todos sus afortunados accidentes de malinterpretación de esas señas— la "puesta en escena" de la más bella y sugerente teoría del conocimiento. Al leernos aquellas descripciones maravillosas parecía romper una armadura: su piel disolvía de pronto la coraza de timidez e incomodidad que lo cubría y el otro Italo Calvino, el del yo que sólo se expresa en la obra de arte, se afirmaba de pronto sin tener que hacer violenta su afirmación, como sólo la literatura permite hacerlo. Se levantó de la mesa y con el papel en la mano se mezcló entre el público. En sus palabras asomaban sonrisas e ironía que antes no eran tan desenvueltas.

Su tacto con quienes lo oíamos era de pronto muy cercano, y cuando menos lo pensábamos, ya nos estaba jugando bromas no agresivas. Por ejemplo, en una de las ciudades invisibles que leyó describía tal cual, pero como si se tratara de algo inexistente, el edificio ultramoderno en el que estábamos en ese instante: el Centro Pompidou, que desde lejos parece una maraña de tubos tricolores comprimidos en un cubo inmenso. Un edificio que recuerda sin mucho esfuerzo una refinería, pero al mismo tiempo es un eco misterioso de la estructura gótica de contrafuertes que luce en su parte externa la iglesia de Saint-Merri, fascinante y llena de leyendas, que convive con el Centro en la misma explanada Beaubourg. Al avanzar su descripción de la ciudad tubular, quienes estábamos oyéndolo aparecíamos de pronto en ella, partícipes de una broma envolvente, literalmente encantadora.

El inmenso trabajo artesanal que me parecía adivinar detrás de aquellos textos breves me impedía pensar que hubieran sido hechos exclusivamente para esta lectura, en los días anteriores a ella.

Pero se trataba sin duda de textos no incluidos en su libro. Por ejemplo, la ciudad tubular tenía que haber sido escrita por lo menos cinco años después de que se publicó *Las ciudades invisibles*, ya que el Centro no existió hasta entonces. Aquello me hacía pensar que Calvino preparaba un segundo volumen de sus ciudades.

Cada quien imagina lo que desea y yo tenía ya impaciencia de saber cuándo aparecería publicado, cuándo podría disfrutarlo como disfruté el primero. Al terminar la lectura me acerqué para preguntárselo. Calvino me explicó que no pensaba en un segundo volumen sino que simplemente seguía escribiendo ciudades invisibles cuando las ocasiones de su vida —lo que veía, olía, oía, etcétera— lo empujaban a hacerlo. "Soy un obsesivo, naturalmente insatisfecho de lo que hago", me dijo y ya no pude saber más. La coraza de timidez e incomodidad le había vuelto a crecer sobre la piel cuando dejó de leer. Preguntar algo más hubiera sido tan violento como tocar con los nudillos sobre el pecho de una armadura esperando que se abriera ahí mismo una puerta para dejar salir al otro Italo, el de la obra. Inmediatamente me vino a la cabeza la imagen inventada por Calvino en su novela *El caballero inexistente*, dentro de aquella armadura medieval, nada, un hombre que no existe pero que cumple con sus deberes de guerra, como él lo explica con voz hueca a su señor Carlomagno, "a fuerza de voluntad y de fe en la santidad de nuestra causa".

Pero la incomodidad de Calvino frente al público me hacía pensar más bien en la incomodidad del caballero inexistente debido a la imagen de sí mismo, tan desprovista, que ofrecía a quienes lo rodeaban. Roland Barthes, que conocía esa misma inquietud y que escribió mucho sobre ella, dijo en un programa de radio sobre Calvino:

> En las primeras páginas de *El caballero inexistente* se expresa una sensibilidad que nos parece aún más maravillosa cuando pensamos que es un hombre vacío, un vacío, el que habla. En ellas, a partir de un individuo materialmente hueco, se describe con un refinamiento extraordinario la complejidad de las relaciones humanas, la manera en la que ese individuo sufre por la imagen que ofrece a los otros. Hay ahí una sutileza de sentimientos que no es ajena al universo proustiano; un pequeño drama de la humanidad —del hombre entre los otros— que se presenta como cuento fantástico.

Sólo después de haber visto a Calvino frente al público, escudado en su natural armadura de timidez, me di cuenta de la importancia que tenía en su *Caballero inexistente* esa dimensión de sufrimiento —señalada con acierto por Barthes— que se mezcla en la narración con la sonrisa de los hechos fantásticos. Poco a poco, en cada uno de los libros de Calvino descubriría esa dimensión ligeramente melancólica que antes me ocultaba su ingenio y su continua ironía. Toda la escena de aquella tarde, que con ligeras variantes se repetiría en cada presentación pública de Calvino a la que pude asistir, se me había vuelto reveladora de diferentes maneras: me daba una nueva clave sutil de su obra. Una clave melancólica.

Por una parte, detrás de las obras narrativas perfectas que antes había podido disfrutar y admirar, se me descubría ahora el hombre intranquilo, insaciable, que en su descontento activo tendía hacia la perfección de esas obras. La imagen de su rostro sostenido por la mano en la mejilla me hacía pensar obviamente en la melancolía, pero su sonrisa intermitente y su cambio de gestos al leer lo que había escrito añadían una ligera modificación a ese cuadro: se trataba de un tipo especial de melancolía: aquella que ya Ficino clasificaba como melancolía activa para diferenciarla de la acedía o melancolía pasiva. En la primera la tristeza se debe a que un ideal no ha sido alcanzado pero se tiende hacia él: es la tristeza del artista que siente un vacío. La acedia es, según la antigua teología, un gran pecado: el Bien ya no es deseado, no se le rechaza pero no se le busca.

La ligera melancolía e incomodidad de Calvino me parecían el complemento necesario de sus textos perfectos: su sensibilidad en obra.

Por otra parte, esa incomodidad, incertidumbre, melancolía, sensación de vacío, comenzaba a parecerme evidente en los libros de Calvino, surgiendo cada vez donde menos la esperaba o donde antes no había sabido verla.

En *Las ciudades invisibles*, por ejemplo, el mismo Calvino describe al Kublai Khan como un hombre inquieto, enfermo de una melancolía que él no llama así, que sólo logra alivio con las descripciones de Marco Polo:

En la vida de los emperadores hay un momento que sucede al orgullo de la amplitud desmesurada de los territorios que hemos conquistado, a la melancolía y al alivio de saber que pronto renunciaremos a conocerlos y a comprenderlos; una sensación como de vacío que nos acomete una noche con el olor de los elefantes después de la lluvia y de la ceniza de sándalo que se enfría en los braceros. [...] Es el momento desesperado en que se descubre que ese imperio que nos había parecido la suma de todas las maravillas es una destrucción sin fin ni forma, que su corrupción está demasiado gangrenada para que nuestro cetro pueda ponerle remedio, que el triunfo sobre los soberanos enemigos nos ha hecho herederos de su larga ruina. Sólo en los informes de Marco Polo, Kublai Khan conseguía discernir, a través de las murallas y las torres destinadas a desmoronarse, la filigrana de un diseño tan sutil que escapaba a la mordedura de las termitas.

En *Palomar*, Calvino nos dejó una especie de testamento literario. Como todos sus otros libros está lleno de humor, de una gracia inventiva que avanza sistemáticamente y nos lleva en su movimiento. Como cualquiera de sus obras, ésta tiene una estructura cuidada al extremo: el relato es un pequeño laberinto en el que nos perdemos con gusto y del cual sólo el autor conoce el secreto (que poco a poco nos ofrece). Pero detrás de este personaje de gestos cómicos, que mira al mundo con una gran fascinación, que es al mismo tiempo paradójico desencanto de su relación con las cosas, asistimos a un pequeño drama: Palomar, alternativamente incómodo y feliz, busca una certeza que nunca encuentra. Apenas se siente seguro de lo que siente y piensa cuando ya el universo se ha desplazado y su certidumbre se fuga. Calvino habla varias veces, pero con mesurada discreción, de las angustias del señor Palomar, de sus inquietudes, su nerviosismo, su timidez, que encuentra un sosiego —siempre temporal— en las descripciones que el mismo Palomar se hace de todas las cosas. Al describirlas en la primera parte del libro, al hacer con ellas un breve relato en la segunda, al deducir luego de lo que ve y describe una idea de su situación en el mundo, Palomar logra un acuerdo temporal con el universo que, mientras dura, le resulta gratificante. Luego todo se descompone o se compone de nuevo y Palomar, retomado por la angustia, continúa su búsqueda. El libro está hecho así de una cadena infinita de ilusiones y decepciones. Cuando, al final, Palomar decide aprender a estar muerto, o hacer como si estuviera muerto para ver cómo se comporta el mundo sin él, descubre que estar muerto es menos fácil de lo que parece:

> El señor Palomar debería tener ahora una sensación de alivio puesto que, estando muerto, ya no tiene que preocuparse por las sorpresas que el mundo le prepara. Palomar desearía también sentir el alivio del mundo, que ya no tiene que preocuparse de él. Pero, precisamente, la espera de saborear esa calma basta para poner al señor Palomar muy ansioso.

Calvino nos dice luego que los muertos deberían dejar de preocuparse por el mundo y que en esa situación de irresponsabilidad debe residir su alegría.

Esa última sonrisa, ese alivio de las curiosas responsabilidades que nos imponemos frente al mundo, pareciera ser el fin y el sentido de la vida. La existencia sistemática pero venturosa de Palomar parece haber sido un ritual estricto (tan ritual y tan estricto como la narración de Calvino) para llegar a la última sonrisa. Pero falta que el autor nos comunique esa sonrisa que no basta con nombrar. El último gag, el último acto cómico del autor en este libro, consiste en dejar caer al vacío la última certeza del señor Palomar:

Si el tiempo debe terminar, uno puede describirlo instante tras instante, piensa Palomar, y a cada instante que uno lo describe, el tiempo se dilata tanto que ya no podemos ver su final. Entonces Palomar decide que se pondrá a escribir cada instante de su vida y, mientras no haya descrito todos, no pensará ya que está muerto. En ese momento preciso él muere.

La narración sistemática y vitalmente profunda: ese ritual melancólico de la última sonrisa, se ha cumplido.

Algún tiempo después de haber escrito sobre esa presencia melancólica de Italo Calvino, a pesar de la primera imagen que tenía de sus textos como imaginación más bien festiva, apareció póstumamente su libro *Seis propuestas para el próximo milenio.* Contiene las conferencias que preparaba antes de morir para ser leídas en la Universidad de Harvard. En ellas escribe sobre su labor de escritor y sobre los valores que para él debe tener la literatura. En una de ellas confiesa ser de temperamento saturniano: melancólico, solitario, contemplativo. Aunque quisiera situar su labor literaria más bien bajo el signo opuesto, el de Mercurio: ágil, adaptable, astuto. "Siempre he sido saturniano —escribe Calvino— a pesar de todas las otras máscaras que he querido ponerme. Mi culto a Mercurio es tal vez una aspiración. Soy un Saturno que sueña con ser Mercurio y todo lo que escribo refleja ese impulso". Más adelante dice que Saturno tiene un descendiente, Vulcano, que representa la concentración en el trabajo y la preocupación artesanal por él. Calvino es un melancólico más que vuela como Mercurio con su concentrada y artesanal dedicación a la escritura. Esa labor es su sonrisa. Y al leerlo es la nuestra.

Melancolía del destino
Marguerite Yourcenar:
la hilandera de la Luna

Un rostro grande y claro
asomará sobre esta duna,
y el espejo del que te apartas
reflejará la cara tranquila de la luna.

M. Yourcenar

Para penetrar en el mundo de Yukio Mishima, Marguerite Yourcenar invoca una de las imágenes poéticas que impresionaron al escritor japonés en su infancia: "Mishima
ha convertido en sortilegio la bella expresión *Recolector del
suelo nocturno*, eufemismo poético que designa al hombre
que limpia las letrinas, pero como figura joven y robusta
descendiendo la montaña, deslizándose en los destellos del
sol que se oculta".

En esta imagen convive el lado apolíneo del Mishima
atlético y solar, con su lado nocturno y áspero de habitante
del humus. Marguerite Yourcenar ve en el suicidio de Mishima una obra guiada por "la visión del vacío" que él tuvo
en sus primeros años, vacío fascinante que al fin alcanzó
con su propia muerte. Un vacío metafísico, zen, que desde
el principio se convierte —según Marguerite Yourcenar— en
destino. Una vez más, la escritora encuentra de manera sutil
la imagen primera que sirve de eje a una vida.

La misma preocupación está en sus ensayos, en sus novelas y hasta en ciertos poemas: la idea de "destino" se ins-
cribe calladamente en su obra. Pero también en su vida la

encontramos: tenemos unos cuantos indicios dispersos de su biografía que sin embargo nos instruyen con delicadeza sobre la manera peculiar en que su obra y su existencia de gran escritora se fueron construyendo: una manera que podríamos llamar "lunar" si pensáramos, como en otros tiempos, que la luna indica a los humanos su destino y que nadie escapa a lo dicho en su principio por ella. Entre los diecinueve y veintitrés años Marguerite Yourcenar parece haber sido habitada por los designios luminosos de su luna: todos los temas y preocupaciones literarias que tomarían forma en su obra durante los siguientes sesenta años echaron raíces en ella desde entonces y la ocuparon como fantasmas empecinados y crecientes. Más de una vez esos fantasmas vitales tuvieron en ella mutaciones imprevistas o secretas, pero el mismo número de veces regresó su vida, enriquecida, al curso entrevisto por ella en un principio. Tal parece que la escritora se hubiera formado escuchando obediente los dictados de su vocación. No sería extraño que también ella alguna vez hubiera sentido la alegría misteriosa de José Cemí en aquella madrugada descrita por Lezama Lima en *Paradiso*:

> Serían las cuatro y media de la mañana cuando volvió a su cuarto de estudio. Las palabras que le había oído a su madre le habían comunicado un alegre orgullo. El orgullo consistente en seguir el misterio de una vocación, la humildad dichosa de seguir en un laberinto como si oyéramos una cantata de gracia, no la voluntad haciendo un ejercicio de soga.

El equivalente de las palabras de la madre en José Cemí, es en Marguerite Yourcenar el padre siempre benévolo, Michel C. de Crayencour, cuya mirada efectiva guió las primeras incursiones de Marguerite en la vida del arte y en la vida como arte. Curiosamente, el mismo señor de Crayencour ayudó a su hija en el pase mágico que fue la mutación de su apellido por el de Yourcenar, haciendo con las mismas letras otro nombre para que ella firmara su obra: metamorfosis alquímica de un nombre de familia en nombre de escritor, iniciando así, ritual y alegremente, un viaje sin regreso. La escritora terminaría por adoptar legalmente en Estados Unidos el nombre de Yourcenar. Su anagrama (su juego de cambiar las letras del apellido para tener *de otro modo lo mismo*) hizo de un nombre de oficio simplemente su nombre; ya entonces su oficio era su vida.

Ella misma escribió que los hilos delgados que unen a la vida de un escritor con su obra son de una naturaleza misteriosa. Podemos, por lo mucho, esbozar indicios de las fuerzas que los tensan, de su orientación, su resistencia, sus mundos: adentrarnos en su conocimiento es aumentar el poder de su misterio. En el caso de Marguerite Yourcenar es posible nombrar una de las fuerzas que dan tensión a vida y obra: una idea sutil y paradójica de "destino". Se trata menos de una determinación absoluta del hombre que de una lucha consigo mismo y con lo que del mundo hay en él. Es significativo, por ejemplo, eso que a Marguerite Yourcenar le interesa en *Los Buddenbrook* de Thomas Mann: "el drama del hombre enfrentándose a las fuerzas familiares y sociales que lo han construido y que poco a poco van a destruirlo".

Todos los protagonistas de sus libros parecen estar marcados por una especie de luna premonitoria. *Alexis o el tratado del inútil combate* es la historia de un hombre sensible que ha luchado contra sus inclinaciones homosexuales pero termina abandonando a su esposa, a la que de todas maneras ama y con quien acaba de tener un hijo, para entrar en una vida que es más íntimamente suya. El destino paradójico no está menos presente en *El tiro de gracia*, cuyo título mismo evoca la resolución de su tragedia. *Fuegos* no es sino una recolección de múltiples destinos: nueve vidas en búsqueda deliberada o no de sus propios absolutos. Zenón, el alquimista de *Opus nigrum*, actúa en sus veinte años con la rebeldía de un hombre que se siente libre pero que pasará toda su vida conquistando esa libertad. Sin embargo, poco antes de su muerte leemos: "Zenón ya estaba instalado en su propio fin *in aeternum*". *Anna Soror*, una de sus novelas más trágicas y hermosas, es la historia de un amor destinado a las diferentes formas de la muerte. Ana y Miguel parecen conocer lo profundo del abismo que se abre ante ellos —para ellos— y se lanzan intensamente a cumplir su destino. Nathanael, el protagonista de *Un hombre obscuro*, es un contrapeso de las brillantes trayectorias vitales de otros personajes de Yourcenar. Su vida gris transcurre y acaba fiel a ese tono de media penumbra. Su hijo Lázaro, en cambio, tendrá un destino de arco iris como protagonista de la novela corta *Una bella mañana*: como actor isabelino vivirá todos los destinos que consecutivamente irá interpretando. En cada uno de sus *Cuentos orientales* hay también esa luz lunar.

La continua reescritura de su novela *La moneda del sueño* se convirtió, según sus palabras, en "una presentación de la inercia o de los vanos esfuerzos del ser humano por enfrentarse a su propio drama y al mal político en el que está irremediablemente implicado". Sobre el protagonista de sus *Memorias de Adriano* dijo en una entrevista: "Lo que importa es la realización —en toda su plenitud— de un destino de hombre de Estado y finalmente, de humano, puesto que la vida de cada uno en el fondo es divina, pero muy poca gente lo sabe". En la afirmación anterior la puerta abierta a lo indeterminado del hombre está en la palabra "plenitud". En ella cabe toda la dimensión novelesca de una vida. De ahí que el destino para Marguerite Yourcenar sea paradójicamente una aventura. Incluso llegó a declarar a propósito de sus personajes: "Creo que casi siempre se necesita una buena dosis de locura para construirse un destino".

Y aún más: "Creo en la parte enorme de azar que interviene en todo. Y por azar entiendo el tejido de acontecimientos cuyas causas son demasiado complejas para que podamos definirlas o calcularlas y que, en todo caso, no parecen controladas por una voluntad exterior a nosotros".

Destino y azar son entonces uno solo, o por lo menos las dos puertas por donde estamos obligados a salir al mismo tiempo:

> Se puede decir que todo tiene una influencia pero inmediatamente después las circunstancias se enredan y ya no es posible dar una explicación racional de las cosas. Podemos decir que todo está predestinado, que el mundo obedece a un orden infinitamente sabio del cual no vemos sino una parte muy pequeña, pero también podemos afirmar que todo es un caos. Me tropezaré con este dilema toda la vida.

Hay un rasgo profundo de tragedia griega en esta concepción de la vida (y de la vida en una novela), el hombre lucha contra un destino que no hace sino enriquecer con sus rodeos y supuestas desviaciones. De una concepción así podría surgir una vida gris, conformista y, por supuesto, una literatura estereotipada. No es el caso de Marguerite Yourcenar porque en su obra la cifra final del destino no es conocida de antemano con certeza ni siquiera por ella (asegura por ejemplo que nunca sabe cómo van a terminar sus libros). En el mundo narrativo de Marguerite Yourcenar la tragedia sucede en el interior de la persona, donde aparentemente todo es posible. Nunca le viene de afuera el corazón de su drama. De ahí que ella declare fundamental la máxima budista que invita a no depender sino de uno mismo: "Sé para ti la lámpara que te guíe". Lo que en otros términos equivaldría a decir: "Teje tu destino y aprende a tejerte en tu destino".

Si quisiéramos invocar alguna imagen que nos permitiera entrar, por lo menos discretamente, en el mundo de Marguerite Yourcenar de la manera en que ella penetra al mundo de Mishima, a través de la figura del "recolector del suelo nocturno", podríamos decir que ella es "la hilandera de la luna", figura flamenca como su origen y como la luz de algunas de sus novelas. Su obra se ha formado como un tejido de luz de luna, de la manera en que se decía en otros tiempos que ciertas mujeres hilaban la luz de la luna para tejer con ella los destinos humanos. Las hilanderas de la luna eran sacerdotisas que tenían en sus manos los hilos de varias vidas, que tejían tomando como guía las delgadas líneas de plata que sólo ellas sabían desenredar de la luna. Dice Mircea Eliade que las hilanderas obedecían a una especie de designio superior sobre su "oficio" y que ningún rodeo parecía desviar sus vidas de ese cometido lleno de sacralidad. Por otra parte, las hilanderas de la luna tenían el secreto de entretejer las vidas y poder mostrar su obra en las figuras de sus telas. "La luna hila el tiempo y teje las existencias". El trabajo de las hilanderas es nocturno, femenino, casi secreto. Los hombres, afirma Eliade, temían el momento en el que las mujeres se encerraban para tejer porque todo lo terrible del futuro se develaba entonces y de alguna manera comenzaba a hacerse presente. En algunas sociedades los hombres —y sus dioses masculinos— atacaban durante la noche a las hilanderas para destruir sus ovillos e instrumentos. En otras partes el temor a los poderes mágicos del hilado y el tejido provocaron un abandono —y en ocasiones hasta un olvido— de esas prácticas artesanales.

La obra de Marguerite Yourcenar es la de una hilandera mágica que tiene en los dedos el poder de crear la trama de la vida: por una parte su vida de escritora, por otra la de sus personajes llenos de vida. Recordando que uno de los orígenes de la palabra *texto* es *tejido*, podemos comentar la textura de la prosa de Yourcenar como una más de las manifestaciones paradójicas de su idea de destino. Sus novelas están hechas de una narración que más de una vez se puede considerar realista, o por lo menos naturalista, pero se trata tan sólo de un sustrato sobre el que vendrán pronto a tejerse otras vertientes narrativas: las de una prosa intensamente poética, las de sueños muy profundos de la humanidad (que nos hacen parecer contemporáneos de un emperador de Roma, por ejemplo), las de mitos insospechadamente vivos en nosotros, las de finas alegrías apenas sugeridas en la superficie del texto pero presentes como una indispensable estructura ósea.

Más de una vez, los avatares del destino yourceriano no se manifiestan en la dimensión más realista de sus narraciones sino en las zonas tensas del arquetipo mitológico o del sueño milenario: del hombre de hoy que es los hombres de otros tiempos. "Un hombre que orina es en este instante —según Paul Valéry— un hombre eterno. Es idéntico a Moisés, a César, a Richelieu, al antropoide. Se despierta en el año 363 antes de Jesucristo o en el año mil". Es muy significativo que Marguerite Yourcenar tenga la mirada puesta en horizontes clásicos de la cultura: Grecia y Roma antigua. En los hombres de entonces ella sabe ver sin duda rasgos profundos de sus contemporáneos. "Mi corazón es tan viejo como Herodes y su pecado", dice en un poema llamado "El lunático", donde advierte también que "cada ser vivo es el eje de un universo escondido". Su universo emerge para nosotros en su obra. Clásica Atlántida de medianoche resurgida tan sólo mientras dura la luz de la luna.

De Marguerite Yourcenar se puede decir lo que ella afirmaba, con razón, del autor de *La montaña mágica* en uno de sus más reveladores ensayos:

La obra de Thomas Mann se sitúa en la muy rara categoría de clásico moderno, es decir, de obra aún reciente y que no deja de ser discutible. Al contrario, que es retomada una y otra vez, juzgada de nuevo, examinada en todas sus facetas y a todos sus niveles, digna de servir a la vez como piedra angular y como alimento. Una obra así nos conmueve en la quinta lectura por razones diferentes —y puede ser que hasta opuestas— a las que tuvimos para que nos gustara cuando la leímos por primera vez.

La obra de Marguerite Yourcenar es clásica y moderna por muchas razones, entre las cuales no es una de las menos importantes su capacidad para hacernos ver sutilmente detrás de los personajes a las personas y detrás de ellas a las figuras de gran densidad mitológica que encarnan. El mito es en sus libros el más profundo sustrato de la existencia. Todos somos de alguna manera Orestes u Odiseos, Fedras o Electras. No del modo que tiene el psicoanálisis de dar rasgos clásicos a sus concepciones, sino de maneras muy variadas, menos autosuficientes, más indeterminadas.

En el conjunto de su obra, el horizonte clásico y su idea de "destino" asoman su cara de una manera peculiar. De las seis obras que tiene publicadas por lo menos la mitad hacen referencia explícita al teatro griego: *Electra o la caída de las máscaras*, *El misterio de Alcestes* y *¿Quién no tiene su minotauro?* La introducción a cada una de las piezas es un verdadero tratado sobre la manera en que han sido resueltos teatralmente en la Antigüedad y ahora los mitos en que se basan. La actualidad del tema de Electra, incluso con todas las mutaciones del tiempo, surge como algo indiscutible. Pero aun así, el aguijón de la Yourcenar introduce un nuevo elemento: los vengadores, los justicieros, se descubren de pronto hijos de otro padre y su pretexto de establecer justicia no sofoca su violencia.

En vez de considerar esta liquidación final como un triunfo del absurdo, una degradación definitiva de los mitos heroicos y una derrota humana (visiones contemporáneas de esta tragedia), veo en ella una especie de tabla rasa, la ascensión de un mundo de complejidades y de rigores nuevos que mis personajes no podrían entrever —cegados por la sangre— pero que el autor o el espectador podrían presentir por ellos. Mientras otros autores constatan que un error o una confusión trastorna al héroe contemporáneo destruyendo su centro y sus bases, yo debo mostrar al contrario, la horrible o sublime persistencia de los seres que siguen siendo ellos mismos pase lo que pase.

En las otras tres obras de teatro: *Dar al César, La pequeña sirena* y *El diálogo en el pantano*, no está menos presente ese elemento del clasicismo contemporáneo. La última de estas piezas es considerada por su autora como variante de obra Nō, "en la que una especie de fantasma da una lección a un peregrino alucinado". En su nivel anecdótico es la historia de un poderoso hombre medieval que lleno de celos encierra a su joven esposa en un castillo rodeado de pantanos. Cuando ya viejo va a rescatarla se encuentra con que ella es más feliz en su encierro que con él. La paradoja del destino se expresa de nuevo ahí y también lo hace en *La pequeña sirena*, divertimiento y fábula sobre una sirena que en vano se transforma en mujer de dos piernas, mediante el sacrificio de su voz, con el fin de seducir a un príncipe. *Dar al César* ofrece un comentario aún más intenso sobre nuestro presente. Es una adaptación de su novela *Moneda del sueño*, la más "realista" de sus narraciones: un verdadero estudio sobre el sacrificio y la política.

Durante la dictadura fascista en Italia, precisamente en el año XI del Imperio (1933), una militante clandestina se prepara a matar al César, es decir a Mussolini. Ella sabe que en realidad se dirige a un sacrificio puesto que no saldrá viva de ese intento aunque tenga éxito su atentado. Hacia el final, cuando se entera de que uno de sus compañeros ha muerto en la cárcel, va tomando conciencia de que su proyecto fracasará sin duda.

Como en *Electra*, cuando han caído las máscaras, el argumento que justificaba la acción demuestra ser falso pero los personajes continúan. Obedecen a una fuerza que va más allá de su conciencia. La pulsión de sacrificio en la política es analizada con gran rigor en la novela y en la obra de teatro. Detrás de esta trayectoria trágica, corre ante nuestra mirada un fresco de la sórdida vida cotidiana en la sociedad fascista. Decía antes que entre las obras de Yourcenar ésta es la más realista; pero lo es de una manera espléndida, como las primeras películas neorrealistas de Rossellini, donde el mundo real se desliza suavemente hacia el mundo onírico mostrando en silencio, detrás de cada gesto, una alusión a la densidad del mito, apenas perceptible para los ojos no sensibles a él.

Marguerite Yourcenar es la hilandera de la luna, la de las manos sensibles a los destinos humanos, la que sabe leer en los espejos de esa arena que mueve el viento, las vidas escritas en granos volátiles.

Melancolía implacable
Samuel Beckett: la gravedad de la Luna

Compañía es un relato de Samuel Beckett donde una voz llega hasta alguien sentado, de espaldas, en la obscuridad. La voz nombra y describe a ese alguien, su pasado, su futuro y sobre todo su presente, estando en lo negro oyendo. Pero alguien más está en otra o en la misma obscuridad imaginándose todo para hacerse compañía. Hay por lo menos tres personajes perfectamente diferenciados en el texto: alguien que imagina todo, alguien que oye y una voz. Pero estos tres personajes son al mismo tiempo uno solo al confluir en otra voz, en la voz narrativa que leemos. Es la extraña voz de un *yo* múltiple la que nos describe en este texto su invocación de una compañía. En cada libro de Samuel Beckett la voz narrativa es como una línea de palabras lanzadas desde un lugar alejado y extraño. Una jauría de frases persiguiéndose unas a otras hasta perderse en el horizonte de un libro que se termina. Cada texto suyo nos ofrece la visión de una errancia: el paso de una fuerza literaria cuya trayectoria nos toca y cuya atracción nos desplaza.

Esa voz de Beckett narrador es el campo de grandes inercias donde giran incesantemente todos los singularísimos personajes de sus novelas, legión de "innombrables" que tienen esa extraña cualidad que se llama *la exterioridad*; no son de este mundo y sin embargo lo habitan radicalmente y desde siempre. Parecen haber renunciado a la inteligencia pero sin afirmar nuevos valores de ella o fuera de ella, simplemente se desplazan. Hacen viajes que no son aventuras, son órbitas obligadas por las fuerzas de una vida. Algo más fuerte que cualquier voluntad. Murphy, el protagonista de la primera novela publicada por Beckett, amante del silencio, la obscuridad y la vida contemplativa, se deja llevar a la calle por la insistencia de Celia en que busque un empleo. A punto de abandonar su no muy intensa búsqueda encuentra en un bar al empleado de un manicomio que busca un sustituto. El capítulo en el que Murphy llega a trabajar alegremente a la Mansión Magdalena de Misericordia Mental comienza con una frase que Beckett toma de Malraux: "Es difícil para el que vive fuera del mundo no buscar a los suyos".

Pero Murphy, ese personaje imantado es atraído por algo que está más allá de la ahora prestigiosa marginalidad de la locura. En su viaje hacia el exterior se suicida sin furor ni heroísmo. Su última voluntad había sido que sus cenizas fueran depositadas en el baño público de su teatro favorito y que sin ceremonia ni muestras de tristeza se le abandonara jalando la cadena. Pero el hombre que llevaba sus cenizas en una bolsa se la arroja en la cara a otro que en un bar le ofende gravemente; todos en el bar patean la bolsa:

> […] tanto y tan bien que mucho antes de la hora de cerrar, el cuerpo, la mente y el alma de Murphy estaban libremente distribuidos por el suelo, y antes de que el alba viniera a desplegar su luz grisácea sobre la tierra, fueron barridos con el aserrín, la cerveza, las colillas, los vasos rotos, las cerillas, los vómitos, los escupitajos.

Murphy alcanza así el estado de desecho fragmentado como exterioridad radical. Su viaje tal vez no ha terminado, pero para nosotros el espectáculo del viaje pasivo se agota ahí. Beckett se lamentaría años después de no haber podido expresar con más fuerza y claridad la presencia de

95

todo el ser de Murphy en el bar mientras sus cenizas están desparramadas en el suelo. Es posible que Beckett se enfrentara en ese momento a un problema de técnica narrativa cuya solución tendría implicaciones importantes para la conformación de su obra.

¿Cómo nombrar la presencia de un personaje que ha perdido la apariencia corporal que permita describirlo? Es decir, ¿cómo hacer para que unos fragmentos deshechos tengan en la narración la misma presencia con la que se les ha escrito antes de ser pedazos? Murphy es un estado de ceniza pisoteada entre aserrín y colillas, se ha vuelto casi innombrable, por lo menos indescriptible como persona.

Poco a poco, en cada una de sus novelas siguientes, Beckett irá encontrando la respuesta: *que los indescriptibles hablen.* Que ellos mismos den cuenta de su multiplicidad y de su errancia. De ahí que sus novelas siguientes evolucionen de la narración en tercera persona hacia la primera, para culminar en el monólogo incesante de *El innombrable*: esa voz que habla y habla lentamente y nos dice que viene desde un trozo de cuerpo depositado en el fondo de un jarrón colocado en la puerta de un restaurante.

Esa misma voz que después se preguntará, hacia el final de la novela, si no es acaso ella misma una mancha de semen secándose en las sábanas de un adolescente dormido: la voz de un ser cuya única existencia se reduce a su imposibilidad de existir.

El paso de la tercera persona a la primera fue finalmente la marca más visible del proceso por el que se constituyó la extraña voz narrativa que ahora caracteriza la obra de Beckett: algo así como el paso de la muerte en el que una voz que describe a la exterioridad se convirtió, ni más ni menos, en *voz de la exterioridad.*

La obra de Beckett parece situarse a partir de entonces del otro lado de una barrera, enunciándose ya desde una zona poética que no admite regreso a las formas tradicionales de la literatura. Habiendo ganado la exterioridad fragmentada, sus personajes y narradores no vuelven a tener una unidad psicológica tradicional. De tal manera que incluso cuando Beckett vuelve a utilizar en una narración la tercera persona, no puede hacerlo sin que haya en ella desdoblamientos en los que esa tercera persona se encuentra impregnada de la primera. Como en el caso de alguien que en su monólogo hablará de sí mismo como si se tratara de otro, pero dejando al mismo tiempo notar indirectamente que se trata de sí mismo. En *Compañía*, el narrador se desdobla en tres personajes: "Inventor de la voz y del que escucha y de sí mismo. Inventor de sí mismo para hacerse compañía. Permanecer en eso. Él habla de sí mismo como de otro. Hablando de sí mismo él dice, él habla de sí mismo como de otro. Él se imagina a sí mismo para hacerse compañía".

Narrador y personajes son representados tomando en cuenta la multiplicidad natural que hay en cada uno. En eso Beckett concuerda simplemente con las proposiciones del psicoanálisis y de la filosofía contemporánea, que se niegan a seguir viendo al hombre como una unidad de mármol. No es de extrañar entonces que los libros de Beckett hayan desatado más de una vez la furia de los sectores más tradicionales de la crítica, que exigen de la literatura únicamente una representación realista, tanto de la persona como del mundo. El dogma del realismo pretende que la literatura debe mostrar "lo real". Mientras que una literatura como la de Beckett lo que hace implícita o explícitamente es considerar el problema de lo real, de su naturaleza múltiple y de su representación. Según Edgar Morin: "el problema más difícil que se plantea la filosofía desde hace dos milenios es el de la naturaleza de lo real". En la literatura, dejar que ese problema surja implícitamente o no en la escritura equivale a suspender las exigencias del realismo y así ganar un espacio en el que sea posible la elaboración poética.

Para los defensores del dogma realista no hay imagen poética que no deba subordinarse a alguna afirmación sociológica considerada como verdad omnipresente e incuestionable. Así Lukács condena severamente a Beckett considerándolo como síntoma de todas las "degeneraciones burguesas de la literatura contemporánea", acusándolo sobre todo de "disolución de lo real", de "disolución del hombre y del mundo". Le reprocha que sus personajes sean "seres privados de toda unidad objetiva" y que su escritura muestre una "degeneración correspondiente a la de sus personajes", convirtiéndose en lo que llama peyorativamente "el estilo de la mueca". Lukács coloca a Beckett en el mismo infierno que a Musil, a Joyce y a Faulkner. ¿Qué tan real puede ser entonces la representación realista que Lukács se hace de la literatura contemporánea? Tal vez podría decirse de él lo mismo que de algún personaje de *Compañía*: "Imaginante imaginado imaginando todo para hacerse compañía. En la misma obscuridad quimérica que sus otras quimeras".

En la extraña pero implacable coherencia de la obra beckettiana se entrelazan tres vertientes de la voz narrativa que en mayor o menor grado están presentes en cada uno de sus libros. La primera vertiente es la del viaje hacia la exterioridad fragmentada que habla. Se muestra sobre todo en sus novelas y en sus textos cortos, con esa tendencia hacia la narración en primera persona de un *yo* múltiple. Pero es a la vez, en la perspectiva de la obra, el viaje de las transformaciones de una voz y el de sus personajes, más inmóviles en cada libro, pero más enfilados en su particular deslizamiento narrativo. Esta primera vertiente es más claramente la del "viaje pasivo" en el que los personajes como Murphy son llevados por una fuerza de exterioridad que es al mismo tiempo la proyección más íntima de su existencia. Es el gran desplazamiento que de hecho inicia Bellacqua, protagonista del primer libro de cuentos de Beckett, un irlandés solamente por designación, extranjero en todas partes que hace del desplazamiento su modo de vida:

> Mi alguna vez amigo Bellacqua, antes de echar amarras y comenzar a saborear el mundo, animaba la última fase de su solipsismo con la creencia de que lo mejor que podía hacer era moverse constantemente de un lugar a otro. Él no sabía cómo llegó a esa conclusión pero seguramente no era por preferir algunos lugares sobre otros. Le gustaba pensar que tan sólo con ponerse en movimiento escapaba a lo que él llamaba las Furias.

Viaje hacia el monólogo de la exterioridad, que pasando por la trilogía de Beckett (*Molloy, Malone muere* y *El innombrable*) tiene un punto culminante en la última novela publicada hasta ahora por Beckett, donde la protagonista y narradora es una larva en el fango, moviéndose difícilmente. La novela se llama *Cómo es*, y fue publicada en 1961. Desde entonces Beckett ha trabajado principalmente para el teatro y la radio. Ha publicado solamente narraciones cortas, entre las cuales la más reciente (*Compañía*) representa con sus ochenta páginas el más voluminoso de sus relatos en los últimos años. Pero en *Compañía* si bien está presente esta primera variante narrativa del *yo* múltiple que habla, ese *yo* está semioculto detrás de sus propios desdoblamientos que ocupan las partes más visibles de la escena descrita. Sólo una vez se le menciona directamente: "¿Quién pregunta a final de cuentas, quién pregunta?". Y al final de cuentas responde como aquí arriba. "Añadiendo en voz baja mucho tiempo después. A menos que no sea otro todavía. A encontrar en ningún lado. A buscar en ningún lado. El impensable último. Innombrable. La última de las personas. Yo".

En la segunda vertiente, la voz de la exterioridad se desenvuelve en un diálogo. Ya no es uno sino dos o más parejas de personajes que hacen "el viaje pasivo" hacia la exterioridad fragmentaria. Esta vertiente se inicia con la tercera novela de Beckett, *Mercier y Camier*, escrita inmediatamente antes de la trilogía, y se desarrolla sobre todo en sus piezas de teatro. Pero es la tercera vertiente de la narrativa de Samuel Beckett la que más directamente se muestra en *Compañía*. En ella la voz de la exterioridad se cuenta historias a sí misma, ficciones que acompañan, aceleran o ilustran la errancia de los personajes. Como en algunas partes de *Watt*, la segunda novela de Beckett, pero sobre todo en el cuento *El calmante*: "Voy a tratar de contarme historias para tratar de calmarme […] Como las que de niño me leía mi padre"; y en la novela *Malone muere*: "Van a poder enterrarme, ya no se me verá en la superficie. Mientras tanto voy a contarme historias, si puedo. No será el mismo tipo de historias, es todo. No serán historias feas ni bonitas, calmadas, no habrá en ellas ni fealdad ni belleza ni fiebre, serán casi sin vida, como su artista".

Así, estando de todas maneras entre el monólogo del que habla sobre sí mismo y el diálogo que tiende a ser monólogo fragmentado, *Compañía* se sitúa más bien en la órbita del monólogo de quien se cuenta historias a sí mismo.

Pero en este caso se trata de alguien que se inventa la historia de una voz que llega hasta otro en la obscuridad. Así que incluso dentro de esa historia la voz cuenta historias a su vez a ese otro oyente: "A alguien boca arriba en la obscuridad una voz habla de un pasado". Con alusiones ocasionales a un presente y, con menor frecuencia, a un futuro, como, por ejemplo: "Acabarás tal como estás ahora. Y en otra obscuridad o en la misma otro imaginándolo todo para hacerse compañía".

En *El calmante* y en *Malone muere* las historias comienzan a ser contadas en una tentativa por sosegarse. Pero resultan ser siempre intentos que fracasan una vez que el personaje se abandona al flujo de su propia narración, enfrentándose a intensidades que no se esperaba y terminando mucho más exaltado que al comenzar sus historias. En el relato de *Compañía* no hay exaltación posible. Todo sucede ya en un tono apaciguado que sin embargo produce una tensión constante en la narración. Es la emoción tirante que uno de los personajes de esta historia monocorde describe como un efecto de la voz que le llega en la obscuridad, "tal vez con el único fin de dar vida en su mente a este vago sentimiento de incertidumbre y desagrado".

Las historias aquí no comienzan a ser contadas para apaciguarse sino para producirse una compañía, que es vista como resultado de la sosegada actividad mental que examina detenidamente las relaciones posibles entre la voz, el que escucha y el que imagina toda la escena.

Desde ese punto de vista, es el relato de una imaginación lógica que encuentra su fantasía en los bordes de la elucubración sistemática, implacable:

> Así, con lo que le queda de razón razona en falso. Para hacerse compañía debe mostrar una cierta actividad mental. Pero no necesita brillar. Se podría incluso decir que cuanto menos brille es mejor hasta cierto punto [...] De no haberlo, la voz no dirá nada sobre el lugar donde yace nuestro viejo oyente. En una obscuridad inmensurable. Sin contorno. Déjalo así de momento. Añadiendo sólo: ¿Qué clase de imaginación es ésa, tan dominada por la razón? De una especie aparte.

La narración avanza añadiendo constantemente un nuevo elemento a la escena descrita: alguna vez una mosca, otra una comezón, una variación de la penumbra; perturbaciones que retoman el hilo de la preocupación del narrador por hacerse compañía. Por otra parte los breves párrafos en los que la voz cuenta fragmentos de la historia del personaje son escenas discontinuas que perforan la obscuridad. Pequeños retablos suspendidos en la superficie del relato. Imágenes fragmentarias de su infancia o de su vejez que nunca permiten reconstruir las líneas de la vida del personaje, ya que son imágenes más significativas por la intensidad del instante que expresan que por el sentido que puedan tener en el desarrollo de una historia.

Como en *Malone muere* y en *El calmante*, la tentativa por contarse historias es representada finalmente como un fracaso. El personaje oye que las palabras se acercan a su final terminando con las dos fábulas concéntricas: "El cuento de otro contigo en la obscuridad. El cuento de alguien contando un cuento en la obscuridad. Y cuanto mejor, a fin de cuentas, las penas perdidas y el silencio: y tú, como siempre has estado. Solo". Así el narrador concluye sus elucubraciones devorando en su lógica al relato. La última palabra del texto invocando compañía es "solo". Pero la soledad no es lo contrario de este tipo de compañía sino su condición necesaria, su principio. Terminando solo el narrador deja entender que regresa a la situación en la que comenzó su relato. Dio un giro que ahora acaba, como una luna que en su rotación nos dejó ver su lado obscuro, poblado de quimeras.

La voz narrativa de la exterioridad tiene en *Compañía* ese tipo de fuerza literaria que podría ser llamada lunar, tomando en cuenta la canción que ritmaba el suicidio de Murphy:

> La luna alejada
> de la órbita solar
> un cuarto y medio
> de circunferencia
> aflige al epicentro vital.

Melancolía aséptica
Max Frisch: la identidad deslavada

Los libros de Max Frisch están hechos de la luz viajera de estrellas apagadas: su materia es la memoria de los hombres cuyo fuego está a punto de extinguirse o ya se ha desvanecido. En *Mi o el viaje a Pekín* escribe: "Me encuentro con gente que ya no existe y hablo con esas personas: las amo por primera vez. Es como la luz de estrellas apagadas hace milenios pero que sigue avanzando todavía".

Ocaso del hombre, senilidad o locura, desesperación o melancolía, son los pilares sobre los que Frisch edifica su obra. En sus novelas y piezas de teatro, y de vez en cuando también en sus diarios, nos hace leer el destino sombrío y "anormal" de cada uno de sus personajes de la misma manera que el suicida de su novela *Mi o el viaje a Pekín* espera con ansia recibir alguna carta para, según explica, "acogerla con respeto y entrar en cada una de sus palabras como la abeja entra en cada una de sus flores. Yo entraría en el destino de otro, piensa él, como en un templo".

Por ese espacio obscuro, ese templo de templos dedicado a los ocasos del hombre, se construye sobre la más luminosa de las normalidades: la de la vida cotidiana suiza, la de sus hombres y mujeres orgullosamente impecables y exactos sobre paisajes de una belleza meticulosa.

En el tiempo de la vida suiza, la obra pausada, lenta y hasta intencionalmente monótona de Max Frisch se introduce paradójicamente como un torbellino: y produce en la lógica perfectamente cuadriculada del hombre helvético medio el efecto de un relámpago que ilumina de pronto los bosques internos de tristeza y desamparo. Como las películas de Alain Tanner, la literatura de Max Frisch parte de una lógica suiza implacable —lógica pulcra puesto que la pulcritud es uno de los orgullos nacionales de Suiza—, y siguiéndola sin fallas llega a mostrar lo más lógico y hasta sucio de esa vida que se quiere intachable. La proposición de ambos —y que enerva terriblemente al suizo medio— es que todas las "anormalidades" que la sociedad suiza señala con gran distancia (como los crímenes que se leen en la nota roja, por ejemplo) no son sino desarrollos naturales de esa normalidad.

No excepción ni desvío sino consecuencia lógica de la vida que ahí todos viven. Pero la proposición de Frisch, vista en Suiza como evidente alusión local, puede extenderse a cualquier otro lugar sin perder su fuerza crítica y expresiva. Porque la obra de Frisch alude a una dimensión existencial que va mucho más allá de cualquier referencia geográfica o social muy localizada.

Sus palabras o, más bien, lo que él hace aparecer bajo el tejido de sus palabras, tiene una presencia inquietante, sin necesidad de convertirse en vociferación de ningún tipo.

Las argumentaciones narrativas de Frisch nunca apelan a principios o verdades prestadas y se manifiestan con la suavidad de quien señala con un leve movimiento de los ojos algo que ya estaba ahí pero que la mayoría no se atrevería o, simplemente, no podría ver de frente. Frisch no acusa con índice de fuego ni amonesta con desagradable lengua pedagógica; simplemente mira y describe, invitando a mirar con él la vieja mancha sobre el mantel blanco que hemos tenido siempre ante nosotros.

Tres rasgos o, más bien, tres problemáticas se entrelazan en la obra de Max Frisch: *la memoria, la identidad, la crítica.* La vida suiza es criticada gracias a la memoria que, con el nuevo orden que da a las cosas, permite descubrir la mancha. Como la memoria es plural (está hecha de muy diferentes fragmentos relacionados también de distintas maneras), y como el hombre frischiano sólo tiene conciencia a través de la memoria, la identidad del hombre está interrogada por todas esas alusiones y su unidad es puesta en duda, cuando no simplemente descartada.

La crítica literaria sobre Frisch ha puesto generalmente en primer lugar de su problemática el asunto de la identidad o de la crítica a los valores suizos cuando, en realidad, la base de ambos en sus libros es la memoria. Según Frisch es la memoria la que da sentido a la vida mezclando el pasado con el presente y dando así a este último el verdadero sentido con el cual lo vivimos.

Incluso en *Guillermo Tell: una historia ejemplar*, uno de sus libros más directamente críticos de los valores tradicionales de su país, el problema fundamental es el de la memoria. Frisch investiga la historia del héroe suizo y muestra que nadie recuerda cómo sucedió aquella historia. Guillermo Tell aparece entonces mezclado con el presente y, en una nota que molesta enormemente a sus compatriotas, compara algunos de sus actos considerados como heroicos, y enseñados como tales en las escuelas suizas, con atentados terroristas palestinos contemporáneos al momento en el que Frisch escribió el libro.

En otro de sus libros demoledores sobre Suiza, *La cartilla militar*, de 1974, Frisch abre las compuertas de la memoria, al ver pasar un convoy militar en la carretera, y muestra poco a poco el absurdo de la vida militar que él llevó de 1939 a 1943, cumpliendo con su servicio obligatorio y conociendo a una amplia galería de personas con las que señala similitudes pero sobre todo diferencias. Termina diciendo de sí mismo: "No me atrevía a pensar a fondo: obedecía por inercia pero también porque creía en una Confederación. Era soldado de artillería y no quería participar en la lucha, si ésta llegaba, sino creer en algo. No quería saber sino creer. Creo que así ocurrió".

La memoria es la que establece la dimensión irónica de la vida. De las obras de Frisch nunca está ausente la ironía como método de conocimiento: como manera de mostrar que las cosas son lo contrario de lo que se afirma. Podríamos decir, para descubrir que son lo contrario de cómo se les recuerda. Ya desde la primera de sus muchas obras teatrales, *Santa Cruz*, de 1946, Frisch muestra las ironías que lleva consigo la vida en sociedad, las paradojas y los límites de la identidad personal. En sus piezas de teatro más conocidas (*Don Juan o el amor a la geometría*, 1953; *Los incendiarios*, 1958, y *Andorra*, 1961) la memoria irónica hace, sutilmente, de las suyas.

El teatro de Frisch comenzó a desarrollarse bajo el signo de Bertolt Brecht (con quien tuvo el arquitecto y periodista Max Frisch una decisiva amistad en los años treinta); siguió su camino hermanándose con la obra, llena de alusiones sociales pero más rica literariamente, del dramaturgo y novelista estadounidense Thornton Wilder. Sobre todo en las obras de Frisch de la inmediata posguerra: *Ellos cantan de nuevo*, de 1945, por ejemplo.

De esa época es su novela *Mi o el viaje a Pekín*, verdadera travesía interior de un hombre que, no en sueños sino en ensueños, viaja hasta el lugar utópico donde, según él descubre, la rutina cotidiana al estilo suizo no existe: Pekín. Lo acompaña Mi, un amigo imaginario, especie de ángel de la guarda lleno de sabiduría oriental, quien lo hace ver todo de una manera diferente. Juntos visitan un burdel, a un príncipe, a un santo, raptan a una mujer, y hacen de todo en su camino enseñanza irónica entretejida de historias y recuerdos. Casi al final, el personaje reconoce que tan sólo ha tenido "un divertido ataque de recuerdos" y que sus ángeles y marineros, flores de loto y búfalos negros, santones, peces dorados y cortesanas, vienen a él mientras lleva "una vida completamente normal". Pero continúa, "y no obstante, mientras recordamos a un pastor, él está aquí en ese momento". La travesía de la memoria que hace el narrador hacia su Pekín imaginario es, como él mismo lo afirma, un remedio contra la melancolía. Luego, el mismo narrador, al contar la historia de un suicida, hace de la tristeza profunda un espacio tan abierto que caben en él completas hasta ferias de pueblo. "Y continuó su camino. Entretanto había obscurecido; durante un tiempo estuvo sentado en un banco y sería un grave error ver los sentimientos de un suicida como algo demasiado negro. La melancolía es un amplio espacio en el que caben tiovivos enteros".

En su China imaginaria, el narrador cuenta cómo es la vida en Occidente, horrorizando a su público:

—Llamamos a esto los días de la semana. Es decir, cada día tiene su número y su nombre, y el séptimo día, de pronto, tocan las campanas; entonces hay que pasear y descansar para poder empezar de nuevo, pues una y otra vez vuelve a ser lunes.

—¡Qué horrible!, dijo la señora.

—Sí, dije yo asintiendo con la cabeza. Ésa es la palabra que se debe emplear.

—¿Y quién les obliga a eso?, me dijo ella.

—¿Cómo quién?

—¿Y no se marean con esos hombres?

—¿Marearse?, dije, la costumbre ayuda. Ya no podemos imaginarnos una vida sin días de la semana. Usted pensará: eso no es una vida que valga la pena… y sin embargo, lloran cuando uno muere. Total, que todo está lleno de contradicciones y de sinsentidos, es muy curioso. Nuestra vida se parece a una máquina quitanieves: va empujando por delante un montón de vida insatisfecha; un montón que cada vez es más grande y fatigoso; se cansa y envejece. El resultado es que uno no ha existido, y sin embargo, todo nuestro empeño se centra en morirse lo más tarde posible. Inventamos un remedio tras otro porque, con todo esto, somos muy inteligentes y activos; trabajamos como hormigas.

Este diálogo muestra cómo cada época da su marca a las obras que la habitan y por qué el teatro de Frisch fue clasificado en los años cincuenta y aun en el comienzo de los sesenta como una de las más auténticas expresiones del teatro del absurdo y del drama existencialista.

Los tres géneros en los que Frisch ha entretejido su obra: novela, teatro y memorias, funcionan como vasos comunicantes que se contaminan mutuamente de sus características formales. En cada libro suyo, del género que sea, es discernible una dramaturgia, un ímpetu novelesco y una dimensión autobiográfica.

Aunque su primera novela, *Jürg Reinhart*, es de 1934, sus obras más conocidas en este género son *Stiller*, de 1954, y *Homo Faber*, de 1957. La más ambiciosa de sus novelas, con evidentes resonancias pirandellianas y musilianas, es *Mi nombre es Gantenbein*, de 1964, traducida al inglés y al francés como el equivalente de *Páramo de espejos*, y en la cual Frisch presentaba de manera experimental diferentes niveles de la realidad. *Montauk*, de 1975, es la obra de ficción en la que más ha experimentado con las infinitas posibilidades del tono autobiográfico. Los volúmenes de su *Diarios* son ejemplo de las múltiples maneras de decir "yo" y hablar de todo lo otro que cada día encuentra: un *yo* trascendente que parece expresarse a la sombra de Montaigne pero con todas las técnicas literarias contemporáneas en su mano.

El hombre aparece en el Holoceno, de 1979, es un relato sobre los múltiples ocasos de la senilidad, la identidad perdida en el laberinto de sí mismo —que incluye a la sociedad—, los temores a la catástrofe geográfica y la observación pausada de la final apoplejía.

En otras obras literarias abundantes como la de Frisch, suele darse un libro que es cristalización, más que síntesis, de las preocupaciones y métodos del autor, de su visión y su escritura. Aquí ese libro es, para mí, el relato "Barba Azul".

Barba Azul es el doctor Schaad, casado seis veces y acusado de matar a dos de sus exesposas. Cuando la novela comienza ya ha sido absuelto, después de casi un año de cárcel preventiva y un largo proceso en el que las pruebas parecen agruparse en su contra. Pero las voces incriminadoras no dejan de acosarlo y definitivamente lo habitan.

Poco a poco nos vamos enterando de que su consultorio se encuentra vacío porque ya nadie se acerca a él después de que su caso se hizo público. La sombra del homicidio que no cometió se cierne sobre sus clientes cuando él se les acerca:

> Un paciente que por tercera vez está solo en la sala de espera, va perdiendo poco a poco su confianza en mí; parece que le quito un peso de encima cuando al fin lo mando a un urólogo; y luego leo las revistas viejas que están en la sala de espera. Ahora tengo más tiempo que nunca. El mismo día de mi detención la sala de espera estaba llena hasta los topes; incluso había gente sentada en el alféizar de la ventana. Se sabe que he sido absuelto, pero la gente sabe demasiadas cosas sobre mi persona. Me llegó a ser difícil hasta encontrar enfermera.

Así, la voz acusadora no sólo recorre por dentro, sino que además se encarna en la ausencia de clientes.

Todas las inercias de su entorno social parecen repetir el largo juicio, a pesar de que Schaad ya ha sido absuelto. El juicio, pues, continúa dentro de él, y quienes lo rodean confirman su delirio dándole una tonalidad de realidad.

Mientras juega billar, mientras da de comer a los cisnes, toma un baño sauna, se pasea en el campo, orina sobre una tela de araña, las voces del proceso continúan zumbando en sus oídos con razonamientos que lo culpan. Todas sus exesposas son llamadas a declarar para confirmar que se trata de un sangriento Barba Azul, pero la ambigüedad de la culpa permanece. Vienen conserjes, amigos, parientes, abogados defensores, fiscales, psiquiatras, jueces, y la máscara de Barba Azul va tomando consistencia sobre su cara. Sin embargo, casi al final, un detalle inesperado en la escena del homicidio, la presencia de unas flores, hace insuficientes las pruebas en contra de Schaad, y éste es declarado inocente. La novela se construye como un largo interrogatorio, desarrollado en la mente de Schaad y pausado por brevísimas reflexiones sobre la vida fuera de su mente, es decir fuera del juicio: "Salir de viaje no sirve para nada: Japón, por ejemplo, donde nadie sabe que me han acusado, ni nadie ha oído a los testigos. Con la mano extendida sobre la rodilla izquierda, o la derecha, estoy sentado en un banco de los jardines imperiales de Kyoto y oigo el informe legal del psiquiatra".

Finalmente, aun gozando de la declaración oficial de su inocencia, Schaad se precipita ofreciéndose por completo a sus acosadores imaginarios, como quien presa de pavor ante un abismo se lanza en él y corre a entregarse a la policía declarándose culpable, a pesar de que el verdadero asesino había sido apresado y sentenciado.

No se trata únicamente de que la identidad de Schaad sea violada por el acoso social. El principio de identidad de la persona se diluye desde el interior de la persona misma, desde la memoria: la identidad es una tránsfuga. La máscara que se le imputa se vuelve para Schaad su propia cara, y él se convierte lógicamente en aquello que la razón le dice que es: Barba Azul. En este caso como en los suicidios, no hay una explicación, hay muchas. En la buena literatura, todas las dimensiones explicativas confluyen en el resultado final.

Desde otro punto de vista, "Barba Azul" es la historia de un hombre que sucumbe a su destino, anunciado por un coro de voces que lo habitan. Un tema clásico con resonancia de teatro griego, pero en el que este destino moderno es una equivocación, y las voces son su eco amplificándose y tomando vida propia en la carne frágil de un hombre.

Melancolía romántica
Victor Hugo: un viejo sol gótico

En la extraña obscuridad de los paisajes dibujados por Victor Hugo en el exilio —hacia 1855— se adivina un abismo. Pero no se trata de uno geográfico, sino de un abismo humano. Las altas manchas sepia que desgarran el papel nos hablan de una inquietud y de un misterio. Vemos en ellas, por instantes, más un sentimiento que árboles movidos por la fuerza del aire. Tal parece que en la naturaleza Victor Hugo encontraba una prolongación de las heridas abiertas en el hombre. Al dibujar el bosque que tenía frente a los ojos pintaba a la vez un paisaje interior, íntimo, incontrolable. En eso era fiel a su experiencia, como lo muestra el relato de su *Viaje a los Pirineos*, donde escribió: "Caminé en la montaña sin saber dónde estaba. Poco a poco el paisaje exterior que miraba vagamente desarrolló en mí ese otro paisaje interior que llamamos ensoñación. Tenía abiertos los ojos, pero miraba hacia adentro. Ya no veía la naturaleza, sino mi espíritu".

Para Victor Hugo el artista vive en ese puente que une al espíritu con la naturaleza percibiendo en sus detalles más secretos la inmensidad del misterio del mundo:

Es una extraña visión que, para mí, está muy cerca de ser realidad. Cuando los ojos del hombre se cierran, algo desconocido surge en la creación. ¿Podría decirse que a la hora de dormir, cuando en el hombre cesa el pensamiento, éste comienza en la naturaleza? ¿O que entonces la calma es más profunda, el silencio más absoluto, la soledad más completa y, por todo eso, el soñador que lo desee puede apresar el hecho extraordinario de la creación en sus detalles más maravillosos y sutiles? O bien, ¿hay en efecto alguna revelación, alguna manifestación de la gran inteligencia que se comunica con todo, alguna nueva actitud de la naturaleza? ¿Está mejor la naturaleza cuando no estamos en ella, se desenvuelve entonces con más libertad? Yo me limito a soñar. Me dedico a contemplar el mundo y a estudiar su misterio. Paso mi vida entre un signo de admiración y otro de interrogación.

Muchos de sus dibujos dan testimonio de ello.

Victor Hugo dibujaba no tan sólo los objetos reales de la naturaleza, sino eso que él llamó "la conmoción de lo real". Al hacerlo cumplía la exigencia que más tarde Baudelaire estableció para todo buen paisajista: ser capaz de traducir un sentimiento.

Si un conjunto de árboles —escribió Baudelaire—, de montañas, ríos y casas, lo que llamamos un paisaje, es bello, no lo es por sí mismo, sino por mí, gracias a mí, a la idea o a el sentimiento que pongo en él. Lo cual significa, me parece, que si un paisajista no sabe traducir un sentimiento en un conjunto de materia vegetal o mineral no es un artista.

Y Victor Hugo sin duda lo era, tanto en pintura como en literatura. El mismo Baudelaire lo reconoció cuando, al final de su *Salón de 1856*, lanzó a la cara de los pintores que exponían ese año una crítica dura y una comparación que era elogiosa para Victor Hugo:

No encontré entre los paisajistas sino talentos mansos o pequeños y una gran pereza de imaginación. No vi en ellos el encanto natural que expresan con tanta sencillez las praderas de Catlin, ni la belleza sobrenatural de los paisajes de Delacroix o la magnífica imaginación que abunda en los dibujos de Victor Hugo como abunda el misterio en el cielo. Me refiero a su obra dibujada en tinta china, puesto que en poesía, es evidente, nuestro poeta es el rey de los paisajistas.

No cabe duda de que hay un paralelo profundo entre su obra escrita y sus dibujos. Y parte esencial de ese paralelo es el elemento de intensidad que nos hace contemporáneos de muchos de ellos. Vemos en esas manchas que se nos presentan como creación pictórica de otra naturaleza, de otro lenguaje, la vida más verdadera del arte, cuyas intensidades dialogan con el futuro y el pasado de un presente que aparenta ser autónomo y eterno. No es casualidad que fuera Baudelaire quien haya reconocido la obra de Victor Hugo dibujante y que esa obra nos parezca contemporánea, puesto que, como lo explica Octavio Paz en su ensayo *Baudelaire crítico de arte*:

> El pensamiento de Baudelaire otorgó una conciencia crítica y estética a casi todos los movimientos artísticos de nuestra época desde el impresionismo hasta nuestros días. La idea de la pintura como un lenguaje autónomo y autosuficiente ha sido compartida por la mayoría de los artistas de nuestro tiempo y fue el fundamento de la pintura abstracta.

Victor Hugo llegó a hablar de las "voces interiores" que el artista escucha. Complacía así, ante nuestros ojos, otra exigencia "moderna", la de André Breton en uno de sus ensayos sobre la pintura, donde concluye: "La obra plástica, para responder a la necesidad de revisión absoluta de los valores reales sobre la que hoy están de acuerdo todos los espíritus, se referirá, pues, a un *modelo puramente interior* o no será". No sé si Victor Hugo era o no objeto de la devoción de Breton, sin embargo son interesantes las convergencias que nos descubre el tiempo. Además del "modelo puramente interior" de Hugo, a Breton tal vez le hubieran divertido algunos de sus procedimientos de dibujante. Sobre todo aquellos en los que interviene salvajemente el azar y, por lo tanto, cierto automatismo. Muchos de los dibujos más abstractos de Victor Hugo son el desarrollo aleatorio de una gota de tinta caída sobre el papel que, dominante, conduce la mano del artista.

De los dibujos de Victor Hugo, como de su poesía, se puede decir lo que Mario Vargas Llosa comenta sobre *Los miserables*:

> Lo que hay de documental en el libro es poco exacto y envejecido. Lo que conserva su frescura y encanto es todo aquello que Victor Hugo estilizó, embelleciéndolo y ennegreciéndolo, al compás de su fantasía y que, aunque irreal, expresa una profunda verdad, que es la de ciertos sueños, miedos o anhelos nuestros que coinciden con los que él materializó en esa ficción.

Los dibujos más anecdóticos de Hugo son los que menos vivos percibimos ahora: las caricaturas, por ejemplo. Los dibujos cercanos a la abstracción son más inquietantes. Pero hay un grado de figuración que sigue siendo interesante en su obra gráfica y que incluye los dibujos donde la arquitectura gótica se une a la obra de la naturaleza formando una misma catedral imponente o una misma oleada amenazante. En ellos también, la fantasía de Victor Hugo abre un puente entre sus "sueños, miedos o anhelos" y los nuestros.

Son dibujos góticos sin duda, pero no tan sólo porque en ellos aparezcan edificaciones góticas, sino porque su composición misma, su juego de luz y sombras, la experiencia de lo terrible y de lo sublime que nos comunican, en fin, su misterio, pertenecen plenamente al campo estético de lo gótico. Montañas escarpadas, cielos sombríos con franjas luminosas, castillos cuyo perfil accidentado araña al cielo haciéndolo sangrar, rebasan los estereotipos por su imaginación sorpresiva. El dibujo *Faro de Casquets*, por ejemplo, corresponde gráficamente, en su desmesura de contrastes y en su sorpresiva imagen final, a las frases con que lo describe en *El hombre que ríe*: "Sencillo y viejo faro bárbaro [...], una hoguera ardiendo bajo una reja de fierro en lo alto de una roca: una brasa enrejada y una cabellera de llamas al viento".

En esos dibujos de Victor Hugo confluyen tres elementos: la naturaleza, el hombre y la arquitectura. Del hombre se puede decir que está presente en los dibujos sin estarlo: curiosamente, Hugo logra transmitir una presencia tácita del hombre por la desmesura de sentimientos que hay en las escenas.

El hombre no es sólo el que, fuera del cuadro, ve al mar devorado por las rocas, sino que es el mar y las rocas. Pero aunque Victor Hugo haya escrito que existen "hombres-océano", la naturaleza no llega a tener en sus dibujos carácter antropomórfico porque en ella el hombre no está como persona, sino como sentimiento y destino. Existe incluso un dibujo que se llama *Mi destino* y que presenta una ola inmensa a punto de reventar. Victor Hugo pintaba en la naturaleza las fuerzas de la vida.

Por otra parte, la arquitectura gótica de sus cuadros es una especie de naturaleza con historia. Siguiendo el ejemplo de Charles Nodier, Hugo fue uno de los primeros escritores franceses en preocuparse por la conservación de las construcciones antiguas. Gracias a su novela *Notre Dame de París*, la catedral fue restaurada. La presencia de construcciones medievales en sus dibujos revela ese gran interés, pero desde un punto de vista estético significa sobre todo la presencia de un pasado en ruinas que, sin embargo, está vivo como sentimiento. En una tarjeta postal, al pie de la fotografía parca de las ruinas del castillo de Vianden, Hugo escribió: "El pasado sólo es bello así, en ruinas". Más tarde hizo un dibujo del castillo que casi nada tiene que ver con la fotografía. En él vemos que la atmósfera de ese pasado derruido revive entre las sombras.

Naturaleza, arquitectura y hombre se confunden y se vuelven indisolubles en imágenes inquietantes construidas para escenificar un misterio. Al lado de sus dibujos góticos, Victor Hugo nos pregunta: "¿Quién está triste, la naturaleza o nosotros?".

Y como enigmática respuesta nos dice que "un viejo sol gótico muere en el horizonte".

II

Memoria de prisiones góticas

Melancolía del miedo
Mijail Shostakovich: memoria del silencio

A Kostas Papaioannou,
que oyó estas notas, in memoriam

En una sala de conciertos vacía, más de mil sillas rígidas llevan en el respaldo el emblema de alguna obligatoria corporación de artistas. El concierto ya terminó o no ha comenzado, o tal vez se trata de alguna conferencia, homenaje oficial o congreso de compositores. Solamente perturba la monotonía de las hileras de sillas un bulto obscuro que resulta ser Mijail Shostakovich. Un fotógrafo entra en la sala y sorprende un gesto de pesadumbre en aquel hombre que se lleva la mano a la cara, toca con las yemas de los dedos el borde de sus anteojos negros y deja escapar bajo su mano la mitad de una boca afligida que tensa exageradamente su arco hacia abajo.

La fotografía que resultó de aquel momento es de cierta manera una representación de la melancolía: no la habitual del rostro con la mirada fugitiva y una mano en la mejilla, sino esta otra del hombre reclinado con la mano que le cubre el rostro y que no ve ni quiere ser visto. Se trata de un melancólico que aparte de ensimismado, algo parece temer e incómodo esconde la mirada sin esconderse él.

Ese gesto pudo haber sido instantáneo —y tal vez en otro momento cercano se le hubiera visto sonreír diplomáticamente a quienes llegaran a sentarse a su lado— pero el instante de profundo malestar bastó para imprimir una variante de la imagen típica de la melancolía, vista ahora en los límites que comparte con el miedo. No el miedo de lo inesperado que sorprende asustando, sino aquel que puede acompañar a alguien todos los días y que termina por ser el motor de sus gestos instantáneos.

Como en todos los iconos, los gestos y los objetos que aparecen aquí están sobrecargados de significado. Y para asegurar la insistencia del estereotipo en esta imagen, el melancólico no está rodeado de panales (las mieles de la melancolía mil veces pintadas), ni de libros, ni de paisajes exóticos al fondo, ni de sonrientes quimeras, sino de sillas idénticas en hileras uniformes repitiendo infinitamente un emblema. A diferencia de otras representaciones de la melancolía, en ésta los objetos que rodean al melancólico no son instrumentos o efectos de su vuelo moroso, sino que son las hileras que circunscriben su afecto, que lo cuadriculan marcando hasta el modo de la huida. Este hombre apesadumbrado perturba con su gesto la uniformidad y el vacío rígido de las sillas, pero al mismo tiempo está sentado ahí y no escapa a su orden. Es un melancólico ambivalente: está representado en un medio hostil que lo empuja a la melancolía pero que al mismo tiempo lo retiene en sus hileras. Esa ambivalencia da forma a su afecto melancólico y a su representación. Su mirada, por ejemplo, no puede perderse simplemente en paisajes lejanos, tendría que mirar mil veces primero el vacío cuadriculado que lo rodea. En el instante de esta imagen sólo puede dejar de mirar.

Esta fotografía de Shostakovich, verdadero icono de la tristeza, figura en la portada del libro de pastas negras que contiene la versión inglesa de sus memorias, y prefigura parcialmente no sólo los afectos que se extienden a lo largo de su lectura, ilustra también el tema subyacente en este libro, el de los afectos en la vida de un reconocido compositor soviético que en algunas ocasiones fue "artista perseguido" pero casi siempre "artista oficial". Narrador melancólico, deja en sus memorias un tratado involuntario sobre los afectos en su relación con el poder. Incluso su obra musical es analizada por él observando su inadecuación o concordancia con los afectos que las autoridades esperaban de ella.

Escribir un autorretrato equivale, muchas veces, a retocar su propia imagen, cuando no a erigirla en monumento. En las memorias de Shostakovich el intento por modificar su imagen consiste precisamente en tratar de hacer menos fija y segura su reputación de artista oficial. Es cierto que Shostakovich está entre esos artistas que pertenecieron a las vanguardias de los años veinte, que fueron condenados y rehabilitados varias veces por el poder soviético, y es uno de los pocos que pudieron navegar en los vaivenes de "la política cultural" esquivando el peligro de las condenas públicas que para otros tuvieron resultados fatales. Pero ser un artista oficial no aseguraba definitivamente su suerte, otros más reconocidos que él perecieron en lo más alto de su fama. "No basta con amar al poder soviético, es necesario que él también te ame", dice el compositor citando a un humorista de los años treinta para dar a entender que no basta con entregar el cuerpo y el alma al poder estalinista para asegurar la vida. Las ilusiones y la moral, el "compromiso", rápidamente se vuelven cinismo burocrático; pero ni siquiera el cinismo es salvación segura. Lo que queda, entonces, es el *miedo* habitando hasta los pasos de los acomodados.

Describir su vida se vuelve, sin quererlo, una biografía del miedo; y la visión de un miedo tan prolongado no puede escribirse sin desesperación y melancolía. Shostakovich aporta a la historia de la cultura rusa de este siglo un testimonio del miedo. Lo que él cuenta de la vida en la Unión Soviética, de la represión, de la abyección cotidiana, son cosas que se saben de sobra y que hasta los defensores oficiales del poder soviético aceptan y justifican como "asuntos marginales" o "cosas del pasado". De su vida da una visión llena de amargura que no corresponde obviamente con lo que se esperaba del épico compositor de sinfonías patrióticas durante la Segunda Guerra Mundial, ya que incluso recordar su juventud se vuelve inevitablemente recuerdo de cómo murieron los que lo rodearon aquellos años. Es ese afecto inesperado en un supuesto héroe de mármol lo que acaso perturba en sus memorias. No hay en ellas reflexión especializada sobre la música (como en las memorias de Stravinsky, por ejemplo). Su revelación no es un contenido explícito sino este afecto que desgaja cualquier representación optimista de aquella cultura oficial.

Shostakovich nunca fue disidente y muchas veces se negó a firmar declaraciones de disidentes. Su testimonio del miedo no es un acto militante, como en el caso de los disidentes soviéticos. Es un acto pasional que ni siquiera tiene una preocupación estética primordial. Es la expresión desnuda del miedo condensado en una vida: la melancolía echada a andar y dejada al azar de sus sobresaltos. Después de describir la enfermedad que ya lo consume, de decir su sensación de fragilidad, comenta casi al final del libro el giro que tomó su proyecto inicial:

Pensé que encontraría una distracción recordando a mis amigos y conocidos. Muchos de ellos fueron gente famosa y de talento que me dejó cosas interesantes, historias instructivas. Pensé que hablar de mis contemporáneos sobresalientes habría sido interesante. Ellos fueron importantes en mi vida y creí necesario recordarlos aún. Pero hasta ese intento se convirtió en algo triste. Pensaba que mi vida estaba llena de aflicción y que sería difícil encontrar otra más miserable, pero cuando comencé a recordar las vidas de mis amigos y conocidos quedé horrorizado. Ninguno tuvo una vida más fácil que la mía. Algunos tuvieron fines terribles, murieron con sufrimiento. La vida de los otros puede considerarse más miserable que la mía. Y eso me puso todavía más triste. Estaba recordando a mis amigos y lo único que veía eran cadáveres, montañas de cadáveres. No estoy exagerando, quiero decir, montañas. Y esa imagen me llevó a una horrible depresión. Estoy triste y afligido todo el tiempo. Varias veces traté de recordar. Incluso si era muy difícil para mí [...] Pensé que tal vez esto sería útil para otros más jóvenes que yo. Que tal vez ellos no tengan que enfrentar esta terrible desilusión y al oírla vayan más preparados, más fuertes, para la vida que yo. Tal vez sus vidas se vean liberadas de la amargura que tiñe la mía.

Shostakovich no escribió directamente sus memorias. Las dictó a un musicólogo obstinado, Salomón Volkov, quien, según cuenta, tuvo que vencer continuas resistencias conscientes e inconscientes en su maestro para dar cauce a las repetidas entrevistas que ahora forman este libro. Todo comenzó con el prólogo aparentemente inofensivo hecho por Mijail Shostakovich para un volumen escrito por Volkov sobre los actuales compositores jóvenes de Leningrado. En ese prólogo el compositor hacía algunas alusiones a su juventud en el conservatorio de esa ciudad, llamada entonces como ahora, San Petersburgo. Al publicarse el libro todos los pasajes sobre "el pasado" fueron censurados, y de ahí le nació un primer interés por escribir una versión de su vida diferente a la que ya daban sus numerosos biógrafos oficiales. En una parte del libro recuerda con estupor la corte de aduladores llamándolo "el Beethoven Rojo".

Había sido necesaria una relación de más de siete años entre el joven musicólogo y el compositor para que pudiera pensarse siquiera en el proyecto de las memorias. Volkov comenzó a entrevistar a Shostakovich cuando éste tenía sesenta y cinco años, pero muy mala salud: enfermo del corazón, débil de las piernas, difícilmente podía caminar; como tenía casi inmóvil la mano derecha trató de aprender a escribir con la izquierda. Era imposible utilizar una grabadora porque Shostakovich sentía frente al micrófono una intimidación que lo silenciaba, ya que ese aparato lo hacía sentirse de nuevo bajo las presiones que lo acosaban cuando tenía que hacer sus frecuentes discursos oficiales por radio o en grandes auditorios. Tenía muchas obligaciones de figura pública y cuenta que varias de las declaraciones que aparecían en los periódicos bajo su nombre eran escritas por funcionarios que usaban su firma, en ocasiones sin consultarlo. Así que para romper la intimidación fue necesario dictar en taquigrafía largas conversaciones con preguntas laterales que agitaran una memoria autoeducada para el olvido. Salomón Volkov cita un poema de Anna Ajmátova para describir el ambiente reinante en aquellas sesiones:

> [...] y una vez más cayó
> palabra tras palabra,
> la caja de música chillaba
> y, sobre la botella de cristal, llena
> de lenguaje oblicuo y amargo,
> llameaba veneno invisible.

Volkov transcribió y editó las entrevistas, las sometió a Shostakovich, quien corrigió y firmó los documentos que aseguraran su autenticidad. Los intentos por publicarlas, aun censuradas, en la Unión Soviética obviamente fracasaron y Shostakovich le pidió a Volkov que las publicara "en Occidente" después de su muerte. Casi un año después, en agosto de 1975, Shostakovich murió. En noviembre de 1979 se publicaron las memorias en Londres y en Nueva York desencadenando una inmensa polémica que aún continúa. Las autoridades soviéticas mueven sus fuerzas para establecer la falsedad del documento pero sin aportar ningún argumento convincente. Un crítico del *New York Review of Books*, conocido por sus funciones prosoviéticas, sostiene con gran escándalo que el temperamento y las opiniones del Shostakovich del libro no coinciden con la persona que él conoció; aunque él mismo dice haberlo conocido solamente durante un par de ceremonias oficiales. Musicólogos soviéticos lanzan innumerables ataques contra Volkov y contra el libro. Personas allegadas a Shostakovich y que residen en la URSS hacen sobre las memorias declaraciones que dejan ver fácilmente su carácter obligatorio y oficial. Seis meses después comienza a circular en inglés una biografía de Shostakovich escrita por dos musicólogos soviéticos en la que el compositor concuerda perfectamente con su imagen acuñada oficialmente. No se ha publicado hasta ahora ningún argumento de peso que permita considerar falsas las memorias de Shostakovich que, desde la portada, son anunciadas como entrevistas relatadas y editadas por Volkov.

Pero, hasta en el caso extremo de que fuera comprobable la falsedad de este Shostakovich, el personaje que lleva su nombre en el libro encarna un afecto histórico cuya verdad no puede ser negada. Encarna los límites de una melancolía cultivada en un medio hostil. Si se tratara de una novela se podría decir que todas sus referencias históricas son precisas. El narrador de estas memorias interpreta su medio como algo intensamente agreste, y los hechos históricos y sociológicos que argumentan su interpretación afectiva son innegables.

La intensidad melancólica con la que este personaje Shostakovich vivió en ese medio no admite ni refutaciones ni comprobaciones que pretendan reducir todo a una personalidad exacerbada (y en ese caso se desautoriza el juicio sobre la sociedad) o a una sociedad avasalladora (y en ese caso la persona queda fuera de juicio). Ante "las llamas de veneno invisible" son inútiles las explicaciones uniformes.

Shostakovich se describe como un personaje melancólico desde pequeño. Era uno de sus rasgos de niño prodigio, lo mismo que el miedo. Su amigo, el escritor humorista Zashchenko, que también era un melancólico abismal, le aconseja curar las tristezas descubriendo los miedos de su primera infancia; pero cada vez que lo intentaba, "mi enfermedad empeoraba, dejaba de dormir en las noches y sufría un desmayo". Cuando los miedos del niño no se curan y crecen los miedos del adulto por las fuerzas hostiles que lo rodean, explica Shostakovich a su amigo, "uno puede pensar en la muerte como única salida".

Sin embargo, la salida elegida por él fue muy diferente. Desde 1926 obtuvo un gran reconocimiento por su primera sinfonía, que fue interpretada en Leningrado y en Berlín (dirigida por Bruno Walter, y luego por Stokowski, Otto Klemperer y Toscanini). Ese rápido prestigio internacional le valió el encargo de escribir una sinfonía para festejar los diez años de la Revolución de Octubre. Para la misma ocasión se le encargó a Eisenstein una película que sería *Octubre* o *Los diez días que conmovieron al mundo*. La experimentación artística era no sólo tolerada sino hasta incitada. Pero eso se acabaría en pocos años. A finales de los veinte, las "asociaciones de artistas revolucionarios" perseguían por su cuenta a los artistas considerados como "formalistas", y declaraban "antirrevolucionarios" o "sospechosos" incluso a algunos instrumentos como el "elitista" trombón. Esas asociaciones de artistas fueron disueltas poco después y lo que parecía un respiro se convirtió en la centralización de las condenas a través de asociaciones únicas y estatales. Pero Shostakovich gozaba de un prestigio internacional, había escrito dos óperas: *La nariz* y *Lady Macbeth*. Esta última representada en toda Europa y en Estados Unidos. Sus problemas con el poder soviético comienzan en 1936, cuando Stalin va a ver *Lady Macbeth* (que llevaba varios años representándose) y sale furioso del teatro.

Al día siguiente aparece en el *Pravda* un artículo editorial contra Shostakovich aparentemente dictado por el mismo Stalin. Se titulaba: *Escándalo en vez de música*. Ése fue el momento en el que pensó suicidarse. "Antes de eso era un muchacho al que, a lo mucho, le daban una reprimenda, pero a partir de entonces me convertí en un criminal de Estado, siempre bajo observación, bajo sospecha". La ópera fue retirada y algunos días después otro artículo del *Pravda* critica un ballet con música de Shostakovich que se estrena en el Bolshoi. La primera crítica ya contenía una amenaza, la segunda parecía confirmarla. "Entré en una pesadilla […] Dos ataques editoriales en *Pravda* en diez días era demasiado para una sola persona. Todos sabían con seguridad que iba a ser destruido, y ese presentimiento nunca me ha abandonado". Un alto funcionario, el general Tukhachevsky, lo ayudó a salir de esa situación hablando con Stalin en su defensa. Durante mucho tiempo no dejó de ser llamado en los periódicos "enemigo del pueblo".

> Aquella vez tuve suerte, no fui enviado a los campos de concentración pero nunca es tarde, después de todo depende de lo que sienta cada nuevo líder maestro hacia tu trabajo; en mi caso la música […] En esa época todos escribían denuncias. Los compositores tal vez las hacían en papel pautado y los musicólogos en papel de rayas. Hasta donde yo sé ninguno de los informantes se ha arrepentido siquiera. A mediados de los cincuenta, algunos de los arrestados regresaron: los afortunados que sobrevivieron. Algunos de ellos pudieron ver sus expedientes, incluyendo las denuncias. Actualmente, exprisioneros y delatores se encuentran en los conciertos. A veces se saludan.

Poco tiempo después, su protector Tukhachevsky sería eliminado por Stalin, lo mismo que su amigo y patrón durante algún tiempo, el director de teatro, Meyerhold. La comparación entre los dos personajes y sus vidas: el artista megalómano que admiraba los uniformes y el militar intelectual que construía violines y protegía artistas, es una de las partes mejor narradas en el libro. Pero a esas vidas paralelas les sucede lo que a todas las historias irónicas o anécdotas gratuitas que contienen las memorias: rápidamente se vuelven tristes cuando no patéticas. Los hilos de todas las historias se anudan en el miedo.

La escena que Shostakovich hubiera preferido nunca haber visto: la del viejo Meyerhold, artista consagrado de sesenta y cinco años corriendo hasta caerse detrás del automóvil del funcionario que vino a supervisar su última pieza y que salió de ella disgustado. Meyerhold "desaparecería para siempre unos días después". Tukhachevsky, por otro asunto, también sería acusado de espionaje y ejecutado. Ambos estaban en lo más alto de su reconocimiento público. Ambos tenían como pasatiempo tocar el violín y, cada uno por su parte, antes de "desaparecer" le dijo a Shostakovich que deseaba haber sido quinto violinista en una orquesta desconocida y pararse o sentarse solamente cuando se lo ordenaran.

Shostakovich describe también de qué manera Eisenstein aceptó montar una ópera de Wagner, *Las walkirias*, como parte de los eventos del pacto nazisoviético. "¿Por qué Eisenstein no rechazó el trabajo cuando se dio cuenta de lo que era realmente? Se dice con frecuencia que uno trabaja no por miedo sino movido por su conciencia. Bueno, ahí él no tenía ninguna conciencia y sí mucho miedo. Arriesgaba su cabeza".

Cuando alguien era arrestado su nombre desaparecía de las conversaciones y los que tuvieran cartas o fotografías de esa persona las quemaban. "Primero todos se callan, cada uno piensa: yo soy el siguiente". Shostakovich relata cómo Stalin supervisaba todas y cada una de las películas que se hacían en esa época. Cómo gozaba las sesiones de miedo a las que sometía a los realizadores encerrándose con ellos en una sala de proyección para comprobar lo adecuado de sus películas. Más de uno no resistía la incertidumbre de los gestos de Stalin en la obscuridad. Junto a la sala había una enfermería y una lavandería para atender a los realizadores que se desmayaban o que ensuciaban los pantalones al perder el control de los esfínteres.

En la época que fue criticado por el *Pravda*, Shostakovich estaba por estrenar su cuarta sinfonía. Ya había publicado sus obligatorias "autocríticas" en el mismo periódico pero temía dar una nueva oportunidad para ser criticado y canceló el estreno de la sinfonía. El director de la orquesta también tenía miedo y hacía mal su trabajo. La cuarta sinfonía se quedó en un cajón durante veintiocho años. En todo ese tiempo otro de los miedos que carcomían a Shostakovich era el de saber que si llegaba a "desaparecer", su sinfonía podría ser atribuida a otro, porque el plagio y la falsificación llegaron a institucionalizarse en aquellos años. "Las autoridades se la hubieran dado a otro para su cuidado. Incluso yo sé a quién. Y en vez de ser mi cuarta hubiera sido la segunda sinfonía de otro compositor".

El escándalo sobre la probable falsificación de *El don apacible*, atribuido al premio Nobel Mijail Sholojov, es banal comparado con la inmensa empresa de "creación" de una cultura nacional y socialista durante los años treinta. Lo que implicaba inventar, literalmente, a una inmensa cantidad de poetas populares y progresistas, supuestamente traducidos de las diferentes lenguas y dialectos locales. En realidad los poemas eran escritos por los "traductores" de acuerdo con las "líneas" de la política cultural. Hay un caso célebre, el del poeta Dshanbul Dzhabayev que tanto los hijos como los nietos de Shostakovich estudiaron obligatoriamente en la escuela. Ese poeta existió: hay fotografías de él y muchos lo conocieron en sus giras por las escuelas de la URSS. Su historia es increíble. Resulta que un periodista y poeta de la región del Kazakhstan trató de publicar en el periódico del partido (editado en ruso) unos poemas suyos diciendo que eran traducción de un poeta popular. Era la única manera de publicarlos. Como le gustaron a un alto funcionario de la región éste ordenó al periódico que se le encargara inmediatamente al poeta popular un poema sobre Stalin y que viajara a Moscú, a una feria de artes regionales, para leerlo en público. Encontraron a un viejo típico que no supiera una palabra en ruso, es decir, que necesitara traductor, y todo estuvo arreglado.

Pero la falsificación era sólo uno de los problemas para la creación de la nueva cultura nacionalista y socialista. El otro era la censura de las culturas tradicionales consideradas no progresistas. Shostakovich cita el caso conocido del "primer congreso panukraniano de músicos populares", al que tuvieron que asistir todos los cantantes de la región. Ante el problema de cómo censurar la tradición oral, las autoridades decidieron considerar criminales a los cantantes populares; muchas de sus canciones y leyendas eran religiosas, así que fueron eliminados durante el congreso. "Tengo la esperanza de que alguien escribirá la historia de cómo lo mejor de nuestro arte popular fue destruido durante los años veinte y treinta".

Como muchos otros artistas soviéticos, Shostakovich afirma que la guerra, a pesar de la movilización general y de todos los sufrimientos que trajo, fue vivida como una época de extrema libertad en comparación con los años anteriores. "En Leningrado, antes de la guerra, no había una sola familia que no tuviera algún muerto o desaparecido. Todos teníamos alguien a quien llorar pero había que hacerlo en secreto, que nadie nos viera, todos teníamos miedo de todos y nos sofocaba la pesadumbre".

Según Shostakovich, en Rusia —por razones trágicas— hubo un florecimiento del arte durante la guerra y muchos tenían de pronto la oportunidad de expresar su aflicción. Él hizo en esa época las dos sinfonías que lo reconciliaron con el poder soviético (la 7ª y la 8ª). Fueron consideradas ejemplo de patriotismo a causa de un malentendido. Él quería expresar el sufrimiento de Leningrado durante las purgas estalinistas y Stalin lo había interpretado como el sufrimiento del pueblo frente a la invasión alemana. Como consecuencia Stalin le encargó la novena sinfonía para celebrar su victoria en la guerra. Shostakovich de nuevo perdió sus favores al hacer una sinfonía que no era de un tono tan grandilocuente como se esperaba. Un crítico escribió que consideraba esa sinfonía como un insulto personal. Shostakovich habla tanto del afecto que produce la música como del "tema" que lleva. Para él, o más bien, para el medio cultural que él vivió, el afecto de la música es una especie de "contenido" susceptible de ser censurado o auspiciado. El estalinismo establece el afecto de la música como ideología: es el afecto del arte lo que define una gran parte de sus relaciones con el poder. Shostakovich llega a afirmar que el desagrado de Stalin por Shakespeare es afectivo, no se debe al texto de las obras. Se supone que Stalin aborrecía a Hamlet porque veía en él retratados sus propios remordimientos, su conciencia culpable. Esa suposición es convencional e inocente, dice Shostakovich; lo que cuenta en Shakespeare más que los contenidos es la música implícita, el timbre, y eso es lo que disgustaba a Stalin. Es decir, el afecto de la obra, el flujo emocional al que uno se entrega. Según esto, el poder estalinista trataba de producir en su arte ciertos afectos en ciertos momentos y Shostakovich parece haber puesto relativamente a su favor las ambivalencias de su melancolía cultivando el malentendido. También hizo la música claramente grandilocuente que se le pedía, pero sobre todo para el cine. Era un trabajo secundario, muy tedioso, que le valió los premios que afirmaron su posición dentro de la Unión Soviética.

Pero su música más íntima es claramente melancólica. "Casi todas mis sinfonías son lápidas", escribió en sus memorias, dejadas como una lápida más: la suya. En ese libro el melancólico dictó su propio *réquiem*. Pero hay y seguirá habiendo un misterio Shostakovich debido a una de las fotografías que se incluyen en sus memorias: hacia la parte central del libro, como una imagen magnética, en un sarcófago rodeado de gente el cadáver del melancólico Shostakovich luce una sonrisa perturbadora. ¿Por qué sonríe Mijail Shostakovich?

Melancolía invernal
Nadiezhda Mandelstam: llamas de hielo

> Donde habita aquel poeta desterrado
> una vez hace guardia la musa
> y otra el miedo.
> La noche cae
> sin esperanza de aurora.
>
> ANNA AJMÁTOVA
> *Sobre Mandelstam*

Las memorias de Nadiezhda Mandelstam, *Contra toda esperanza*, hablan de uno de los rasgos más profundos del siglo xx: el brusco surgimiento de la esperanza en una vida mejor para todos sobre la tierra y el reino de terror implantado en nombre de esa misma esperanza.

Pero el libro de Nadiezhda (nombre que por cierto en ruso quiere decir Esperanza) no es sólo un testimonio más del horror de vivir como víctima de un país totalitario, es antes que eso y a pesar de ello una historia de amor. Es el recuento de una vida difícil escrita no sobre sino hacia Osip Mandelstam, su esposo muerto enigmáticamente en un campo de concentración soviético. *Contra toda esperanza* (cuya edición original en ruso se titula *Esperanza contra esperanza*) es el libro del amor navegando a ciegas en el miedo.

Sobre llamas de hielo

Al terminar el primer cuarto de este siglo, un poeta de treinta y cinco años, Osip Mandelstam, publicó un relato en el que la memoria de su infancia y adolescencia fluía mezclándose suavemente con los acontecimientos espirituales que marcaron, desde el punto de vista de su vida, a la última década del siglo XIX y a las dos primeras del XX. Al final de ese relato poético que llamó *El rumor del tiempo*, Mandelstam hablaba con ternura e ironía de un escritor que era capaz de considerar a los siglos como si se tratara del clima de la tarde. Decía "qué buen siglo el XIX" como si dijera "qué día más agradable".

Para concluir su breve relato, Mandelstam siente también la tentación de palpar con la palma de la mano extendida la temperatura del siglo y su conclusión no es optimista: "Veo la unidad de un frío desmesurado que ha soldado décadas en un solo día, en una sola noche, en un profundo invierno donde el terrible sistema estatal es como un horno del que brotan llamas de hielo".

En ese infierno frío Mandelstam encuentra de pronto a la literatura rusa revestida de una piel que no le corresponde: "Pero no hay motivo para avergonzarse. La fiera no puede sentir vergüenza de la nueva piel que la cubre. La noche la protegió y el invierno la vistió. La literatura es la fiera; la noche y el invierno son el peletero".

Usando las imágenes de Mandelstam para describir su situación en ese momento se puede decir que él era como una fiera a la que la nueva piel no le brotaba fácilmente. Su inadecuación radical a la nueva vida invernal soviética le sería fatal. En los pocos años de vida que le quedaban llegaría a sentir el frío profundo de la senda más obscura: la que lleva a anhelar la muerte como liberación de la vida. Su esposa sobreviviría para contarnos la tensión extrema que hubo entre ese hombre y su siglo.

Precisamente uno de los lugares comunes del leninismo dice que en una cadena puesta en tensión se rompe el eslabón más débil: la historia ha hecho evidente que en el caso de Mandelstam, como en el de muchos hombres y mujeres opuestos a la fuerza de su siglo, la vida y la razón resultan terriblemente frágiles y terminan por romperse. Así comenzó a sucederle a los Mandelstam en mayo de 1934, luego del primer arresto de Osip.

Hasta el motivo de su detención era incierto: Mandelstam había abofeteado a Tolstoi recientemente y era conocido de todos el temperamento vengativo del viejo escritor y su influencia sobre Stalin. Pero Mandelstam había cometido también otro "error" imperdonable: había escrito un poema burlándose de Stalin, que leyó a no más de diez amigos muy cercanos y de mucha confianza. ¿Cuál de las dos "culpas" era la perseguida?

Poco a poco se fue confirmando la segunda (aunque la importancia de la primera en la persecución será siempre un misterio). Y escribir en 1934 un poema así equivalía a ser acusado de participar en una conjura contra el régimen, con su implícita pena de muerte. En los países donde diferir políticamente es considerado contranatura, hasta escribir un poema puede ser visto como un gran acto terrorista.

Además, el cuadro era perfecto para levantar una acusación como esa contra Mandelstam puesto que se sabía públicamente que él no había querido (¿o no había podido?) adecuar su poesía a las "nuevas necesidades de la sociedad socialista". Sin embargo, una mano misteriosa intervino en el gobierno moscovita y salvó a Osip de la muerte cambiando la pena.

Tanto él como Nadiezhda fueron deportados. El castigo consistía en la obligación de vivir en algún lugar remoto e inhóspito "con la perspectiva de aumentar infinitamente la propia miseria hasta confundirse con el polvo más pútrido del camino". Y a pesar de todo, esa perspectiva era afortunada. Según comenta Isaiah Berlin en sus "Reuniones con escritores rusos" (incluido en *Impresiones personales*):

[…] el número de escritores y artistas deportados y muertos fue tal que en 1939 la literatura, el arte y el pensamiento ruso parecían un área sometida a un terrible bombardeo, con algunos espléndidos edificios aún relativamente enteros pero desnudos y solitarios en un paisaje de calles arruinadas y desiertas […] Las actividades de los delatores y testigos falsos superaron todos los límites conocidos.

"La autopostración, las confesiones falsas e inverosímiles, la inclinación ante la autoridad o la cooperación activa con ella no salvaron generalmente a quienes habían sido señalados para morir". Entre ellos estaba Mandelstam, pero no todavía.

En ese momento, cuatro años antes de la detención definitiva, él y su esposa viajaban hacia una provincia muy lejana, vigilados severamente. Para Osip y Nadiezhda "el rumor del tiempo" se había vuelto ensordecedor. Pero en Osip, además, había roto las compuertas entre las voces que le llegaban de fuera y las voces que lo acosaban por dentro. Frente a sus ojos desfilaban confundidos la realidad y el sueño. En Osip los accesos de locura se intensificaban ante la mirada desorbitada pero comprensiva de su esposa, que no encontraba un suelo firme para que asentara la razón en su marido porque, como ella escribe, "nuestra realidad supera a la imaginación más audaz y demente".

Una lúcida manía persecutoria

Alguno de los diez amigos cercanos —y de absoluta confianza— que llegaron a oír de boca de Mandelstam su poema sobre Stalin lo había delatado. El juez poseía en el edificio de la policía secreta una versión del poema-delito, escrita a mano por él bajo tortura:

Vivimos suspendidos, sin percibir el suelo, nuestras voces a
diez pasos no se oyen y cuando hablamos a medias se nos escapa el nombre del montañés del Kremlin. Sus dedos gordos
son grasosos como gusanos pero sus palabras son tan verda-
deras como pesas de un kilo. Su risa aletea bajo bigotes de
cucaracha mientras sus botas brillan. Una turba de líderes
insensibles lo rodea y él juega con las atenciones de esos infra-
humanos: uno maúlla, otro gime, otro silba, sólo él da puñe-
tazos y dictamina. Forja decretos como herraduras que
golpean en la ingle a uno, a otro en el ojo, en la frente, en la
ceja. Cada ejecución es como un bendito don que alegra el
ancho pecho del Osseta.

A las dos semanas de la detención Nadiezhda recibió,
extrañamente, autorización para entrevistarse con su esposo en la cárcel. Lo encontró con los ojos desorbitados, de-
teniéndose los pantalones con la mano y al borde de la
demencia. Era el resultado visible de dos semanas en las que
no se le permitió dormir, torturado e interrogado constantemente. El juez amonestó a Nadiezhda por no haber cumplido con su obligación ciudadana: delatar a su marido con
la policía en cuanto supo del poema. La amenazó con juz-
garla por complicidad y dijo que el poema era "un crimen
excepcional"; la policía había recibido "de arriba" órdenes
de "aislar pero conservar" a Mandelstam. En vez de ser enviado a un campo de trabajos forzados para la construcción
del Canal del Mar Blanco (donde seguramente perecería),
Osip fue deportado a la lejana ciudad de Cherdin.

Nadiezhda se reunió con Osip y los policías en el tren
que los alejaría de Moscú. Rigurosamente aislados durante
el largo viaje, los Mandelstam repitieron como protagonistas, en medio de sus guardias uniformados, la escena tanta
veces vista en Rusia esos años: los condenados y su escolta
en viaje hacia su destino.

El choque con la fuerza irracional —escribe Nadiezhda Mandelstam—, con la inevitabilidad irracional, con el temor irracional, modificó sensiblemente nuestra mentalidad. Muchos creíamos en lo inevitable y otros en la congruencia de todo lo que ocurría. A todos nos invadió el sentimiento de que no había retorno. Ese sentimiento estaba condicionado por la experiencia del pasado, el presentimiento del futuro y la hipnosis del presente. Afirmo que todos nosotros, la ciudad en mayor grado que el campo, nos hallábamos próximos al letargo. Nos habían inculcado que estábamos en una nueva era y que nuestro único deber era subordinarnos a la necesidad histórica que, dicho sea de paso, coincide con los anhelos de los mejores combatientes por la dicha humana. La propaganda del determinismo histórico nos privó de la voluntad y de la posibilidad de tener criterio propio.

Trece años antes, el poeta y diplomático lituano Baltrushaitis, perteneciente como Mandelstam a una cultura literaria inmediatamente anterior a la Revolución y por lo tanto hostilizada por el régimen, trató de convencer a Osip de que cambiara su nacionalidad rusa por la lituana como medida de precaución. Era posible porque el padre de Mandelstam había nacido y vivido en Lituania y el mismo Osip nació fuera de Rusia, en Varsovia. Comenzó los trámites pero finalmente decidió interrumpirlos convencido de que "es imposible evitar el propio destino y ni siquiera debe uno intentarlo". Evidentemente no se imaginaba entonces toda la dimensión trágica del suyo. Aunque tal vez en el fondo sí, porque como lo sugiere Nadiezhda, Osip hizo todo para tener el destino que tuvo: como si se tratara de la última de sus obras.

Pareciera que Baltrushaitis había previsto el final de Mandelstam. En épocas de gran entusiasmo y engaño colectivo, como en las que suceden a las revoluciones, quienes se atreven a ver de frente en su momento las situaciones terribles pasan luego por adivinos. Los casos abundan: Istrati, Zamiatin, Gide, entre otros, fueron injuriados por los creyentes del momento por decir que veían al rey desnudo (a la Revolución soviética mostrando su cara más terrible), pero décadas después quedaron como "precursores" del desenmascaramiento.

George Orwell llegó a gozar, como ensayista político, de una reputación de profeta en los años treinta y cuarenta. Para muchos él "adivinó" que Stalin y Hitler se asociarían para luego separarse, aunque eso era evidente para quienes se atrevieran a mirar la situación política tal como era y no a través de "las ideologías progresistas" del momento. La fuerza de lo irracional, como lo describe Nadiezhda, vela los ojos de los hombres con el pretexto de obedecer a la racionalidad superior del destino histórico.

Mientras los Mandelstam iban a la deportación, el mismo lituano Baltrushaitis pedía, en el congreso de periodistas de Moscú en 1934, que se hiciera todo por salvar a Mandelstam, sobre todo sabiendo cómo había terminado el poeta Gumilyov, cabeza del movimiento poético al que perteneció Mandelstam desde 1910 y que fue fusilado en 1921.

En el tren de los Mandelstam, Nadiezhda se alegraba de que Osip se hubiera salvado de la condena de muerte pero él en cambio se iba sintiendo cada vez más poseído por su destino. Uno de los guardias le decía a Nadiezhda: "Tranquilízalo, dile que aquí no fusilamos por canciones". La demencia persecutoria de Osip se acentuaba entonces y le respondía: "No les creas; este destierro significa solamente que el castigo final se ha pospuesto hasta momentos más propicios. En nuestro país se fusila por los motivos más insignificantes".

La opinión delirante de Osip fue apoyada meses más tarde por Vinaver, hombre sensato y experto al que Nadiezhda acudió pidiendo consejo. Cuando ella le recitó el poema sobre Stalin, Vinaver diagnosticó que habían sido magnánimos con Mandelstam, que por cosas menos importantes se había fusilado a mucha gente. Les advirtió que no confiaran en la misericordia de Stalin puesto que en cuanto se olvidara el rumor sobre la detención de Mandelstam podía cambiar de opinión y ejecutarlo. Les aconsejó que permanecieran "más quietos que el agua, más bajos que la yerba", tratando de ser olvidados por el poder soviético. Nadiezhda se dio cuenta entonces de que el delirio de Mandelstam era insignificante comparado con la realidad delirante que inevitablemente los incluía en su sueño.

Las dos realidades irreales fuera y dentro de la cabeza de Mandelstam se iban adelantando alternativamente una a la otra, como los pasos de una solitaria y larga caminata. Durante la primera noche en el tren Nadiezhda pudo darse cuenta de la gravedad con la que Osip estaba enfermo. Pasó toda la noche sin dormir, sentado con las piernas cruzadas, escuchando muy atentamente algo que ella no alcanzaba a percibir porque era un sonido que no estaba sino en la cabeza de Mandelstam.

Todo el viaje Osip estuvo atento a los rumores que lo asediaban y de vez en cuando le decía a Nadiezhda que ya se lo habían confirmado, que se acercaban finalmente para fusilarlo ahí mismo.

De pronto se exaltaba y quería estar listo para suicidarse antes de que lo fusilaran. "Es curioso —comenta Nadiezhda— que todos nosotros, tanto los dementes como los normales, nunca perdemos esa esperanza. El suicidio es aquel recurso que tenemos en reserva y creemos inexplicablemente que nunca es tarde para recurrir a él". Varias veces había propuesto Nadiezhda, en momentos difíciles de su vida, que se suicidaran juntos y Osip había rechazado violentamente esa opción. Sin embargo ahora, unos cuantos años después, Mandelstam no sólo pensaba seriamente en

hacerlo sino que acababa de intentarlo: en la prisión, ago-
biado hasta el límite de su fuerza por interrogatorios y torturas, se cortó las venas.

Era casi imposible introducir algo cortante en la celda
pero Mandelstam, como gran parte de la gente que lo ro-
deaba, vivía preparándose para la eventualidad de ser arrestado. Cuenta Nadiezhda innumerables casos de gente que
ya tenía su maleta lista o una bolsa pequeña con las perte-
nencias más indispensables en la cárcel.

Los escritores compraban ediciones compactas de sus
libros preferidos, como hizo Mandelstam con *La divina comedia*, para poder llevárselos a las prisiones o campos de exterminio. Luego resultaba que a la hora del arresto todos los
preparativos habían sido inútiles y los objetos elegidos
nunca acompañaban a su dueño. Pero Osip había convencido a un zapatero de que le ocultara entre las suelas y plan-
tillas de sus zapatos un par de navajas de afeitar, previendo
que sería difícil afeitarse estando preso. Este tipo de previ-
siones eran más comunes de lo que ahora podemos imaginar. La vida fluía en el lecho profundo del miedo.

Nadiezhda afirma absolutamente la omnipresencia del
miedo, por más inverosímil que ese absoluto nos parezca:

Si mis anotaciones se conservan —dice Nadiezhda—, la
gente, al leerlas, podrá pensar que las escribió una persona
enferma, hipocondriaca… La gente se habrá olvidado de
todo y no creerá en ningún testimonio. ¡Cuántos en el
extranjero siguen sin creernos incluso ahora! Y ellos son coe-
táneos nuestros, nos separa tan sólo el espacio y no el tiempo.
Hace poco leí un razonamiento muy sensato no sé de quién:
"Dicen que allí todos tenían miedo. No puede ser que fueran
todos, algunos lo tendrían, pero otros no". Es racional y lógico pensar así, pero nuestra vida no era, ni mucho menos,
tan lógica. Al llegar a Cherdin, después de seis días y cinco

noches de viaje, Mandelstam fue hospitalizado luego de un intento de suicidio.

Nadiezhda cayó vencida por el cansancio después de las cinco noches sin dormir cuidando al poeta demente. Pero su sueño poderoso era sin embargo translúcido y a través de él seguía viendo a Mandelstam sentado en la cama, escuchando atentamente el silencio.

Aun entre sueños corrió hasta la ventana del segundo piso por la que Osip se estaba lanzando. Alcanzó a tomarlo de los hombros, pero él siguió cayendo mientras ella se quedaba con el saco en las manos. Oyó el golpe del cuerpo sobre la tierra y un grito.

Por casualidad, exactamente abajo de esa ventana había un montón de tierra blanda usada en la jardinería. Osip, según la doctora que lo revisó, sólo se había dislocado el brazo derecho. Luego resultó que una fractura no localizada entonces le atrofió para siempre una parte de los movimientos del brazo. Después del salto nocturno Mandelstam tuvo una brusca aunque breve reaparición de la lucidez.

Otros exiliados en Cherdin consolaban a Nadiezhda diciéndole que esa demencia era algo natural en todos los recién llegados y que en dos o tres meses Osip se normalizaría. De hecho, las voces extrañas siguieron acosándolo durante algún tiempo. Nadiezhda se dedicó con él a la paciente y misteriosa tarea de discernir qué voces eran reales y cuáles imaginadas. Poco a poco Mandelstam fue descubriendo que el origen de sus alucinaciones verbales estaba en las dos largas semanas de interrogatorio y tortura que había sufrido.

Ese viaje a Chedrin, la detención, el salto nocturno, el largo periodo de las voces obsesivas, fueron tan sólo escenas muy breves que constantemente se repetirían en el largo camino de los Mandelstam. Pero desgraciadamente ellos

no eran excepciones. La vida se había vuelto tan terriblemente paradójica que los más extremos complejos de persecución se convertían en lucidez perfecta: Nadiezhda
recuerda que mientras Mandelstam estaba instalado en
la locura comprendía perfectamente los peligros que co-
rría y lo que iba a sucederle, pero que en cuanto recobraba
la cordura cerraba los ojos, perdía sentido de la realidad y
se sentía seguro.

En 1937, durante un agudo acceso de delirio paranoico,
Mandelstam se lanzó materialmente contra un electricista
acusándolo de ser policía disfrazado y de venir a detenerlo.
Pero no se equivocó. El electricista le mostró inmediatamente su orden de arresto.

Ya en el campo de concentración Mandelstam recha-
zaba sistemáticamente la comida que le servían temiendo
que estuviera envenenada y una de las versiones de su
muerte dice que se dejó morir de inanición. La poetisa
Anna Ajmátova, la amiga más cercana de los Mandelstam,
le aseguró a Isaiah Berlin, muchos años después, que Osip
tenía razón de rechazar los alimentos y que su temor de morir envenenado no carecía de justificaciones.

Voz de tiempo

La poesía de Mandelstam no pertenece a la literatura soviética: llega a la Revolución con una voz ya formada pero
hablando una lengua que no es "la nueva", la deseable y
aceptada por la épica colectiva. Fueron innumerables los
conflictos de Mandelstam con las organizaciones literarias
soviéticas. Era visto por los más benévolos de sus colegas
como un ser extraño que no entendía a su época. Le decían que "lo viejo debe ceder ante lo nuevo" y eran ellos
quienes no comprendían que Mandelstam no quisiera firmar manifiestos prometiendo subordinar la literatura a las

necesidades de "la nueva sociedad". Llegaron a decirle que sólo la literatura "útil" merecía sobrevivir. Osip no dejó de rebelarse ante las dos premisas que el futuro le ofrecía: voluntad de subordinación y unanimidad de criterios.

Durante una breve temporada Mandelstam gozó de un sueldo de gobierno como escritor: se trató de una pensión casi de retiro, justificada "por sus servicios prestados a la literatura rusa y su inadecuación a la literatura soviética".

Tanto él como su compañera de generación Anna Ajmátova, fueron considerados viejos prematuros. "Emisarios del pasado", como se decía entonces. La pensión de Ajmátova, era literalmente una de retiro por anciana, aunque sólo tenía entonces treinta años. En 1917, año de la Revolución, Osip tenía veintiséis años y Anna veintiocho.

Como en una extraña comprobación que su cuerpo les daba a sus "nuevos" enemigos, Mandelstam envejeció físicamente con extraña velocidad. Cuenta Nadiezhda que

[...] se han conservado dos fotografías de Mandelstam. Una de ellas representa a un hombre joven, vestido con jersey, con aire serio y preocupado; es del año 1922, cuando descubrió por vez primera la naturaleza asiria de nuestro Estado. En la otra foto aparece un viejo con barba. Entre ambas fotos sólo han transcurrido diez años, pero en 1932 Mandelstam ya sabía en qué se habían convertido sus sueños juveniles sobre la bella estructura social, la autoridad y la superación de las lacras del siglo XIX.

Tanto Ajmátova como Mandelstam pertenecieron desde 1910 al movimiento *Acmeísta* fundado por Gumilyov en oposición al simbolismo: "En vez de una búsqueda de lo imperceptible proponemos un arte sólidamente ligado a la tierra". En su ensayo manifiesto de 1913, "La aurora del acmeísmo", Mandelstam compara al organismo humano con las catedrales góticas y a la palabra poética con sólidas piedras para la construcción artística. Quién iba a decirle que la misteriosa dosis de claroscuros que hay en toda catedral gótica, con su estética de "lo terrible", iba a manifestarse sólidamente en su propio cuerpo. Se puede decir que la vida y la muerte de Mandelstam fueron góticas: sublimes construcciones de "lo terrible".

La arquitectura estalinista, con sus grandes moles, no podía sino encontrar inadecuada e "inútil" esa arquitectura gótica de Mandelstam, con sus arbotantes y quimeras lanzadas al aire. El primer libro de poemas de Osip Mandelstam es también de 1913 y se llamó precisamente *Piedra*.

El ruido hueco
del fruto desprendido
cae en la canción interminable
del profundo silencio del bosque.

La firme sencillez de esos poemas contrasta con la terrible exaltación de sus últimos versos:

[…] estas palabras nos traicionan como uvas robadas
cuelgan como ciudades de arrebato
y bajo el purgatorio temporal del cielo
olvidamos a veces
que el sustituto feliz del paraíso
es una casa que dure una vida
y que no podamos llevar a todas partes con nosotros.

Nadiezhda se pregunta qué había en el aire a mediados de los años veinte en Rusia que le impedía escribir a Osip e incluso respirar. No era casualidad que el primer ataque de angina de pecho le diera justamente cuando lo apabullaba en una discusión supuestamente literaria un férreo y terrorista defensor de la línea oficial del realismo socialista. La relación de Osip Mandelstam con su época se convirtió poco a poco en centro frágil de su obra y de su vida. "Su índole no angelical acentuaba todas las contradicciones en vez de atenuarlas [...] Quienes oían la poesía de Mandelstam a principio de los treinta se daban cuenta de que estaba construyendo también su fin. Alguien le comentó: usted mismo se lleva de la mano hacia el patíbulo".

En un capítulo llamado "El camino funesto", Nadiezhda cuenta cómo nació el poema sobre Stalin y cómo fue germinando en Osip la necesidad de elegir su camino hacia la muerte como última creación: "La muerte de un artista —afirma Nadiezhda— no es una casualidad sino el último acto creador que como un haz de rayos ilumina toda su vida. Mandelstam lo comprendió muy pronto".

La mirada de Nadiezhda sobre Osip a lo largo de sus memorias es asombrosamente sosegada. Penetra en él mostrándonos amorosamente hasta los obscuros rincones de lo irracional.

Los matices de aquel hombre nos son develados de una manera excepcional. Los verdaderos misterios de la vida permanecen y se nos muestran con su pluralidad de explicaciones, mientras que un rigor implacable desinfla al autoengaño colectivo.

Nadie que se atreva a mirar de frente "el agua estancada del siglo", aun con el riesgo de verse reflejado en ella, puede dejar de conocer este libro. Nos habla no tan sólo de lo que sucedió hace tiempo, sino de muchas de las tendencias que anidan en la mente del hombre. Porque habla también de nuestras prisiones mentales.

Melancolía de la disidencia
Eugeny Zamiatin:
la literatura como disonancia

> Si no tenemos herejes debemos inventarlos ya que la
> herejía es esencial para la salud. Es el único remedio
> contra la entropía del pensamiento humano.
>
> EUGENY ZAMIATIN

Hubo una época en la que se llamaba disonancia al germen
de lo que hoy conocemos como disidencia. Hacia el fin de
los años veinte, en la Rusia soviética, según lo cuenta el historiador E. H. Carr, una de las más serias acusaciones que
podía recibir un escritor era la de disonancia. El 30 de abril
de 1928, un hombre enjuto y severo llamado Averbakh,
líder de una temible "unión panrusa de artistas revolucionarios" (VAPP), gritaba desde una tribuna contra "los autores
que aún se atreven a ser, política y estéticamente, *disonantes*,
desconociendo sus responsabilidades frente al pueblo y el
partido". La respuesta del público fue, obviamente, un
aplauso unánime, nada disonante. Averbakh se dirigía a
doscientos treinta representantes de poco más de cuatro mil
escritores rusos pertenecientes a las diversas asociaciones de
artistas.

La meta de Averbakh: confirmar el poder indiscutible de
su agrupación sobre las otras al recibir el apoyo del gobierno.
Su método, condenar progresivamente todas las diferencias
hasta lograr que fuera un crimen no pertenecer a su secta.
"Quien esté en contra de la VAPP está en contra del partido
y por lo tanto contra la Revolución, y por lo tanto…". Casi

lo logra, pero no pudo prever que el Estado ruso en pocos años iría más lejos controlando directamente a una (única) secta elegida, extremando tanto el dogma como el castigo. Por lo pronto, entre los acusados de disonancia en aquella asamblea estaba el narrador Eugeny Zamiatin.

Muchos escritores, la gran mayoría, cedieron ante las intimidaciones: escribieron según el dogma o se callaron dedicándose mejor a la nueva burocracia de las asociaciones "artísticas". Pero Zamiatin tenía un temple diferente. En él, la independencia era tradición personal: por una parte, su profesión de ingeniero naval antes de la Revolución le había permitido mantenerse alejado de las miserias y servidumbres a las que se someten comúnmente los escritores, de tal manera que la tentación "revolucionaria" del nuevo bienestar burocrático no lo seducía. Por otra parte, su sólida formación de escritor exigente, hasta el extremo de la perfección formal, fue completada antes de la Revolución: no podía ya compartir las nuevas y engañosas utopías de "una literatura simple para el pueblo" o "una literatura que elogie el futuro racionalmente exacto y funcional que está a la vuelta de la esquina". Además, Zamiatin poseía un arma irremplazable en su temperamento: la ironía. La risa que provocan sus escritos va más allá del humor superficial, muy de moda entonces, que hacía la caricatura simple de los condenados por su clase o su ideología. La ironía ilumina profundamente la condición risible del hombre; el humor sólo es burla partidaria, búsqueda de adeptos y simplificación de la vida. La ironía, al contrario, entra en varias dimensiones de la vida por la puerta de una sonrisa, algunas veces oculta.

La respuesta de Zamiatin a los Averbakh que lo acosaban fue hacer de su disonancia un orgullo y una literatura llena de ironía.

Varios años antes, en febrero de 1921, en plena ebullición de nuevas "asociaciones de escritores revolucionarios";

en un momento de creciente guerra ideológica; justo cuando todos los valores propiamente literarios eran aplastados por principios políticos, Zamiatin impulsó la formación de una agrupación de escritores cuya simple existencia sería una irónica respuesta a todas las demás asociaciones: Los hermanos de Serapión.

Con ese nombre enigmático, varios escritores jóvenes que asistían a las conferencias de Gorki y de Zamiatin en la Casa de Cultura de Petrogrado decidieron afirmar, sonriendo, sus diferencias. En un "antimanifiesto", firmado por un brillante miembro del grupo, que sólo viviría veintitrés años, Lev Luna, se explicaba en cuatro puntos la provocación de Los hermanos.

1. Los hermanos de Serapión es el título de una serie de historias de Hoffmann en las que seis hermanos radicalmente diferentes uno del otro discuten y se cuentan historias sin llegar nunca a un acuerdo. Así, los hermanos rusos de Serapión "no formamos escuela ni tendencia [...] No queremos restricciones ni aburrimiento, no queremos que todos escriban igual, aunque sea imitando a Hoffmann. Cada uno tiene su cara y sus gustos literarios. En cada uno se cruzan las más diversas influencias literarias: cada quien tiene su propio tambor, cada uno puede rascarse con sus propias uñas".

2. Como el eremita Serapión, que hablaba con los muertos de todos los tiempos, "nosotros creemos en la realidad de nuestros personajes inventados y de nuestros acontecimientos imaginarios [...] La obra debe ser orgánica, real, debe vivir una vida propia, particular. No debe ser copia de la naturaleza sino vivir al lado de ella [...] Para nosotros Hoffmann, creador de lo imposible y lo fantástico, está a la altura de Tolstoi y de Balzac".

3. De izquierda y derecha nos dicen "si no estás con nosotros estás contra nosotros", pero sólo estamos con los hermanos de Serapión. ¿Sin ideología, sin convicciones? No, cada uno tiene su propia ideología, sus propias convicciones políticas y su propia casa que pinta del color que prefiere.

4. Otra cosa que nos distingue es nuestro amor fraterno, ya que no somos colegas, ni miembros de un círculo, ni camaradas […] Ahora hay fanáticos políticos y críticos miopes de izquierda y derecha que buscan dividirnos enfatizando nuestras diferencias. Pero un hermano puede rezarle a Dios y otro al Diablo, el vínculo de hermandad permanece: no somos camaradas sino hermanos.

En esa época de Los hermanos de Serapión, Zamiatin tenía treinta y siete años, y con varios libros publicados era reconocido como un maestro de la expresión literaria y un modelo de independencia crítica y rigor artístico. (Había nacido en 1884 y las paradojas de la vida hacen que mientras se dejaba de celebrar su centenario y se festejaba ampliamente a George Orwell, una novela de Zamiatin, *Nosotros*, haya sido literalmente parafraseada por Orwell al escribir su *Mil novecientos ochenta y cuatro*. Es decir que sin saberlo, George Orwell dio a su libro, como título, la fecha en que cumpliría cien años el autor de la novela que casi podría decirse que plagió).

A los diecinueve años, durante la revolución de 1905, Zamiatin fue hecho prisionero por el gobierno zarista debido a su militancia. Había sido miembro de la facción bolchevique del partido socialista, pero en 1917, cuando los bolcheviques tomaron el poder, ya la había abandonado. En 1908 publicó una novela corta que inmediatamente llamó la atención por su poder irónico: *Historia de provincia*. Su siguiente libro, *Al final del Mundo*, publicado en 1914, fue censurado por considerarlo "antimilitarista y sedicioso". Mientras tanto Zamiatin ya había hecho estudios de ingeniero naval y en 1916 vivió en Inglaterra enviado por el gobierno ruso para supervisar la construcción de un barco rompehielos comprado a los ingleses. Regresa a su país después de la Revolución de 1917, con treinta y tres años de edad, dispuesto a dedicarse de lleno a la literatura. Su estancia de dieciocho meses en Inglaterra le había servido para escribir una aguda sátira de la vida inglesa: *Los isleños*. En esta novela corta, Zamiatin hace la caricatura de la regularidad británica. Todos los personajes son descritos con rasgos ligeros y brillantes. Sin embargo, la dimensión cómica del libro oculta una dimensión trágica. Y no sólo porque la historia culmina con un asesinato, sino por la problemática moral que la sostiene. El centro vital de *Los isleños* no es el retrato costumbrista de los ingleses, sino un problema que atañe a cualquier sociedad: la acción violenta de una moral colectiva sobre una moral individual. El personaje principal de la novela se convierte en oveja descarriada porque se enamora de una bailarina. Su comunidad, dirigida por un pastor que escribió un libro llamado *Testamento de la salvación compulsiva*, decide salvarlo aunque sea por la vía más cruel. Lo obligan a presenciar entre la espesa neblina la grotesca escena de la infidelidad de su prometida. El protagonista mata al otro hombre y muere a su vez en las manos de la justicia.

Ya lo había dicho el pastor: "Cada uno de nosotros debe conducir a sus semejantes por el camino de la salvación; conducirlos como alacranes, como esclavos. Es mejor que sean esclavos de Dios que libres hijos del demonio".

Sensible a esa problemática moral desde su juventud, no era de extrañar que en la Rusia posrevolucionaria Zamiatin viera surgir el mismo problema todos los días y lo viviera de una manera todavía más intensa. Entre el fanatismo religioso del pastor de *Los isleños*, y el fanatismo político de los líderes que, en cuentos posteriores de Zamiatin, creen eliminar el hambre por decreto ("el soviet supremo ha dado la orden de que a partir de hoy no haya hambre"), sólo hay un paso: el del curso trágico de la historia, convertido por Zamiatin en un absurdo risible. Más de una vez insiste en este fuerte paralelo de la ceguera política y su correspondiente religioso. En un cuento llamado "X", por ejemplo, nos describe minuciosamente una peregrinación que luego resulta ser una manifestación de mayo. Significativamente, Zamiatin no critica lo religioso de lo político, sino el elemento restrictivo del hombre en ambas manifestaciones de fanatismo. De una u otra manera, en los cuentos y novelas de Zamiatin se presenta una lucha de la sociedad contra el individuo y contra la vida. "La idea misma de una nueva sociedad exige sacrificios humanos", el elemento utópico de la posrevolución es veneno, y en ninguna de sus obras lo explicaría mejor que en su antiutopía *Nosotros.*

Escrita en 1920, Zamiatin traza en esa novela su más despiadada crítica al racionalismo funcionalista y utópico que en nombre de cualquier principio destruye al hombre. La trama es escandalosamente parecida a la de *Mil novecientos ochenta y cuatro,* y está inspirada en las novelas de H.G. Wells a quien Zamiatin consideraba "gran creador de una forma literaria nueva y completamente original: la sociofantasía que permite criticar a la sociedad". Pero la "sovietutopía" terminaría por devorarlo: en 1927, un periódico checoslovaco publica en ruso *Nosotros.* Como había sido prohibida por la censura soviética, esa publicación se consideró un desacato y casi un delito: con ella se desencadenó la oleada interminable de ataques contra Zamiatin. Diez años después de Los hermanos de Serapión, la ironía ya no es un arma efectiva para enfrentar las mandíbulas de la utopía soviética. Expulsado de la obligatoria Unión de Escritores —por lo tanto ya no podía cobrar por sus publicaciones—, boicoteado en los teatros donde se representaban con éxito sus obras, convertido en verdadero fetiche y chivo expiatorio de la crítica ideológica, Zamiatin escribe en 1931 una valiente carta a Stalin, pidiéndole autorización para abandonar el país, "hasta que cambien las opiniones que prevalecen ahora sobre lo que es el papel del artista literario, y se pueda servir a grandes ideales en el arte sin tener que humillarse ante hombres muy pequeños". Gracias a la influencia que tenía Gorki sobre Stalin, Zamiatin pudo viajar a París en 1932, donde viviría los últimos cinco años de su vida.

En sus cuentos y novelas cortas uno disfruta esa extraña cualidad que emana del trabajo obsesivo cuando éste es iluminado por el ingenio, la inteligencia y la gracia. En su figura se leen las cualidades de una presencia fraterna en la historia literaria (al estilo de Los hermanos de Serapión: "no somos camaradas y estamos vinculados aunque opinemos diferente"), que sólo puede ser resultado de la honestidad crítica y de la independencia intelectual. En sus libros y en su vida hizo de la disonancia obra.

Melancolía utópica
Los demonios de George Orwell
y el misterio de *1984*

El hecho de que hayamos vivido el año de 1984 cierra un extraño círculo en el mundo de la literatura: como dos serpientes que se mordieran mutuamente la cola, el tiempo de nuestras vidas se empalmaba con una novela escrita en 1948, y que su autor, George Orwell, tituló *Mil novecientos ochenta y cuatro*.

El misterio que nos plantea esta circularidad no está tanto en la coincidencia misma, ya que tarde o temprano íbamos a vivir el año de este libro. El misterio no está tampoco, aunque la mayoría de la prensa que comentó el libro afirme lo contrario, en el supuesto carácter profético de la novela de Orwell. Es muy fácil dejarse llevar por el aspecto futurista de la historia narrada en *Mil novecientos ochenta y cuatro*, y consolarse con responder afirmativa o negativamente a la respuesta que se desprende de esta falsa pista dejada por Orwell: ¿Vivimos o no en las condiciones terribles descritas en 1948 por ese escritor inglés, y que él situó en su ficción como "la vida en 1984"?

El verdadero misterio que nos propone esta novela no pertenece al mundo lineal de la cronología, ni al mundo engañoso de las profecías. Su misterio está vivo en el mundo de la experiencia literaria, y consiste simplemente en imponernos estas preguntas: ¿Cómo es posible que un libro así haya tenido y siga teniendo tal fuerza? ¿Cómo es posible que una ficción como ésta tenga tanta vida, tanta sensibilidad, tanta experiencia, tantos conocimientos políticos, lingüísticos, tanto valor y escepticismo lúdico? En fin, ¿cómo es posible el fenómeno literario *Mil novecientos ochenta y cuatro*? Mi pregunta no está dirigida a la superficie publicitaria y editorial del fenómeno. Muchos sociólogos y críticos literarios de tendencia politizante unidimensional se dejarán llevar por el señuelo de criticar las campañas publicitarias que seguramente inflaron al fenómeno Orwell en 1984. Sin embargo, ninguna campaña de publicidad es capaz de levantar una ola tan grande como ésta. No bastan los medios de comunicación para hacer que un libro se venda y se comente en esas proporciones.

Y, sobre todo, no bastan para hacer que la lectura de *Mil novecientos ochenta y cuatro* pueda ser, como de hecho lo es, una experiencia intensa, terriblemente conmovedora, instructiva de una manera sensible y no expresamente pedagógica; en fin, una experiencia irremplazable. Leyendo *Mil novecientos ochenta y cuatro* nos colocamos en el corazón de un misterio: el de la creación literaria, que es en parte también el de las relaciones entre la literatura y la vida. Misterio que no puede dejar de latir en cualquier lector al entrar en contacto con la buena literatura; enigma desentrañable que infinitamente nos propone dudas y respuestas, euforias y naufragios.

Por otra parte, escribir sobre Orwell y su novela *Mil novecientos ochenta y cuatro* me remite irremisiblemente a comentar ese misterio. El mismo George Orwell dice en su ensayo titulado *Por qué escribo*:

> Todos los escritores son vanidosos, egoístas y perezosos, pero en lo más profundo de sus motivaciones yace un *misterio*. Escribir un libro es una batalla horrible, agotadora, como la larga crisis de una dolorosa enfermedad. Nadie emprendería una cosa así si no se viera guiado por un demonio al cual no se puede ofrecer resistencia alguna y que, por otra parte, uno no puede entender.

Tal vez, averiguando cuáles son los demonios de George Orwell que lo llevaron a escribir *Mil novecientos ochenta y cuatro* podamos entender, una parte por lo menos, de la extraña intensidad que nos proporciona su lectura; ya que la "carga de vida" que tiene *Mil novecientos ochenta y cuatro* es una de sus fuerzas primordiales.

Carga de vida

A diferencia de otros libros que como *Mil novecientos ochenta y cuatro* son antiutopías, es decir, que presentan una visión del futuro como advertencia de los peligros que corre la humanidad, el libro de Orwell transmite más imágenes vitales que ideas o anécdotas pertenecientes a una estructura propuesta de antemano. Al lado de *Mil novecientos ochenta y cuatro*, *La máquina del tiempo* de H. G. Wells y *Un mundo feliz* de Aldous Huxley parecen estructuras óseas desencarnadas que miran por los huecos de su cráneo en la musculosa creación orwelliana. El autor de *Mil novecientos ochenta y cuatro* conoció estas obras y las criticó o comentó con la aguda penetración que caracteriza a todos sus ensayos. Orwell aprendió de estas obras sus virtudes, y detectó en ellas los defectos. Extrañamente, y digo eso porque de verdad es algo extraño en la crítica literaria, George Orwell no comparaba o contraponía a estas novelas (y en general a las obras que comentaba) con una idea de lo que la literatura debe o no ser. Este peculiar autor inglés contraponía a las obras con la vida. No con "la realidad", sino con las fuerzas vitales más obscuras del hombre o de la sociedad, que él se preciaba de conocer gracias a su prolongada vida de marginal guiado por las estrellas impositivas del fracaso.

Su concepción de la literatura parece ser realista o por lo menos naturalista; sin embargo, hay algo en Orwell de autor maldito, algo de ese espíritu terriblemente sensible que a finales del siglo pasado se denominaba decadente. No es una casualidad que para describir al totalitarismo en su novela Orwell haya elegido penetrar por la puerta de la vida cotidiana de su personaje principal Winston Smith. Orwell es un autor sofisticado y sutil metido en un overol que cubre sus movimientos sin esconderlos completamente. Bajo una forma literaria directa y terriblemente lógica, describía situaciones extremas y narrativamente delirantes. Un ejemplo: toda la parte de *Mil novecientos ochenta y cuatro* en la que Winston Smith, en lenguaje de Odanía, es "reeducado" por los funcionarios del "ministerio del amor", es decir que es torturado por la policía. Una sección terrible del libro en la que toda la lógica totalitaria avanza invencible sobre el cuerpo y la mente de un hombre que muestra indicios de disidencia. Hay un momento en el que el siguiente paso de tortura, después de mucho tiempo de padecimientos en manos de los verdugos, consiste simplemente en obligar a W. Smith a desvestirse y mirarse en un gran espejo que cubre una de las paredes. Al torturado le cuesta trabajo reconocerse en esa figura demacrada, sin dientes, llena de pústulas y mechones de pelo que se le desprenden, que el espejo le devuelve implacable.

Los lectores asiduos de Orwell reconocerán en esa escena del desconocimiento de su propio cuerpo después de haber sufrido indecibles humillaciones físicas, situaciones que el mismo autor vivió y que relató en otros de sus escritos: cuando entregado a los avatares de la miseria como mendigo en Inglaterra y como *clochard* y lavaplatos en Francia, castigó su cuerpo y su salud hasta volverse irreconocible incluso para él mismo; y una vez más, cuando fue herido en la garganta de un balazo en la guerra de España y, en su estancia en el hospital se desdoblaba a sí mismo para no reconocerse como alguien a un paso de convertirse en mudo.

El daño que a sí mismo se infligía llegó a ser de tal magnitud que la neumonía atrapada en sus vagabundeos por París fue una de las raíces decisivas de la tuberculosis que lo mataría a la edad de cuarenta y seis años. Orwell no se reconoció a sí mismo durante mucho tiempo sino como "hijo de la mala vida", viviendo en la certidumbre de que sólo así se conocía de verdad la profundidad de la vida.

Lo más increíble a propósito de *Mil novecientos ochenta y cuatro* es que tal pareciera que los largos años de Orwell recorriendo miserablemente las fronteras más ignominiosas de la existencia hubieran venido a cristalizarse en esa novela. Es como si *Mil novecientos ochenta y cuatro* hubiera sido el sentido último y verdadero de haber vagabundeado y sufrido física y mentalmente hasta los límites de lo soportable. Como una serie de casualidades que de pronto condujeran a un desenlace lógico pero inesperado, la vida del escritor inglés (cada una de sus intensidades) encontró un desenlace (literario, metamorfoseado) en la novela *Mil novecientos ochenta y cuatro*. Un lector enterado de la biografía orwelliana podría describir los más intensos momentos de la vida de este novelista a partir de las sensaciones y las situaciones plasmadas en *Mil novecientos ochenta y cuatro*. Esta novela es para Orwell su "tiempo recobrado" en el sentido con el que Proust usa esta expresión en su novela: escribir una obra así no es sólo partir a la búsqueda del tiempo perdido durante la vida, sino además hacer de ese tiempo perdido, malgastado en vagancias o frivolidades, el material mismo de la obra. Orwell hace de sus errancias vitales, incluidas humillaciones, "tiempo recobrado" al escribir *Mil novecientos ochenta y cuatro*. De ahí eso que se puede reconocer sensiblemente como "la carga de vida" contenida en *Mil novecientos ochenta y cuatro*.

La lógica del totalitarismo

En su vida, Orwell hizo del totalitarismo su bestia negra, su enemigo. *Mil novecientos ochenta y cuatro* es una crítica al totalitarismo; crítica que no responde simplemente a una convicción ideológica o política, sino aún más allá, a una experiencia vital. La ideología para Orwell es una consecuencia de la vida: las ideologías deben adaptarse a la vida y no lo contrario. Desde que Orwell vivió, como miliciano de la guerra de España, la persecución y la matanza de anarquistas y troskistas por las milicias comunistas de filiación soviética, comprendió la mecánica del pensamiento totalitario en sangre propia: "si no eres mi subordinado incondicional (supuesto aliado) eres mi enemigo y mereces la muerte". George Orwell escapó en España a la cruenta persecución comunista y quedó para siempre curado de creer que la lógica comunista es verdaderamente humana y progresista. Llegando a Inglaterra trató de relatar lo que había vivido, pero los medios de izquierda se negaron absolutamente a escucharlo argumentando que criticar a los comunistas era convertirse en aliado de Franco y del fascismo: el mismo argumento con el que, acusados de fascistas, los comunistas fusilaban troskistas y anarquistas.

> La guerra de España y otros acontecimientos de 1936 y 1947 —escribe Orwell— convulsionaron mis esquemas, y desde entonces supe dónde estaba. Cada línea de trabajo serio que he escrito desde 1936 ha sido hecho, directa o indirectamente, en contra del totalitarismo y a favor del socialismo democrático como yo lo entiendo.

No es de extrañar que a partir de una experiencia tan fuerte como la de escapar de morir en manos de sus aliados en el poder, acusado de enemigo, Orwell haya desarrollado un escepticismo lúcido en lo que concierne a las ilusiones de la existencia de un verdadero socialismo en la Unión Soviética.

El otro acontecimiento decisivo de esos años fue el de los Procesos de Moscú, donde Stalin juzgó públicamente y asesinó a sus recientes aliados acusándolos de convertirse en enemigos fascistas. Todos los que hicieron la Revolución al lado del tirano tenían que morir tarde o temprano: lógica de las revoluciones totalitarias. El lúcido escepticismo de Orwell, que contrastaba con las creencias políticas empecinadas del medio intelectual inglés de aquella época, lo convirtió pronto en un clarividente analista político que veía y señalaba lo evidentemente justo cuando los otros no querían verlo. No era difícil para Orwell, en esas condiciones de lucidez, prever que Hitler y Stalin podrían aliarse. Lo dijo, lo publicó, lo pregonó contra viento y marea. Cuando en 1940 Stalin y Hitler firmaron su fugaz alianza, Orwell quedó investido con un aura profética. Y por eso no es extraño que en su novela sobre el totalitarismo haya elegido un tiempo futuro y no un tiempo contemporáneo al que vivía mientras la escribía. Sin embargo, aunque el sistema social que padecen los personajes se sitúe en 1984, las condiciones de vida son las de cualquier economía de guerra. Los lectores de 1948 que tenían la novela *Mil novecientos ochenta y cuatro* en las manos, podían reconocer una gran parte de su vida cotidiana reciente, más los resultados de vivir en un Estado totalitario.

El análisis político implícito en la novela desborda la dimensión simplemente sociológica para plasmar una verdadera filosofía del poder. Mucho antes de que Foucault desarrollara toda su lúcida filosofía sobre la naturaleza del poder, Orwell había plasmado en *Mil novecientos ochenta y cuatro*, sin que le falte un solo detalle, un análisis del poder no menos lúcido y profundo. Foucault parte de un principio de vigilancia en el que los vigilados interiorizan el hecho de ser observados. Su modelo es el *Panopticón*: una cárcel en la que un solo guardia, que nunca es visto, vigila todas las celdas de una cárcel circular desde una torre situada en el centro. Orwell lleva el mismo modelo de vigilancia interiorizada a su visión futurista, por medio de un sistema de televisores presentes en todas las habitaciones por las que los ciudadanos son observados sin saber ni cuándo se controlan sus gestos ni quién lo hace. La reflexión filosófica sobre el poder en *Mil novecientos ochenta y cuatro* no le pide nada al desarrollo de la filosofía foucaultiana sobre lo mismo. Incluso las asombrosas elucubraciones del filósofo francés sobre las relaciones entre el poder y el saber están desarrolladas por Orwell en su novela: no sólo funciona un modelo de censura en el continente totalitario de "Oceanía" ideado por Orwell, sino que además funciona un modelo de producción de saber que bajo un signo positivo conforma los conocimientos y la mente. Una de las más sorprendentes reflexiones implícitas en *Mil novecientos ochenta y cuatro* es precisamente sobre la lengua. Orwell se revela como un sensible conocedor de lingüística cuando plantea en su "Oceanía" la creación progresiva de una "neolengua" que elimina palabras y crea neologismos. Con estas "creaciones" va limitando las posibilidades de formular ciertos pensamientos, y a través del tiempo y las generaciones establece una imposibilidad de tener pensamientos disidentes. El hombre será ya otro: por eso Orwell había planeado llamar a su novela *El último hombre de Europa*, ya que *Mil novecientos ochenta y cuatro* es la historia de una aniquilación, la historia del hundimiento de una conciencia humana aplastada por una lógica implacable.

El totalitarismo es presentado por Orwell como un engranaje ineludible; sin embargo, con las suficientes contradicciones y sutilezas como para hacer de él algo lleno de vida, verosímil, y por eso aún más temible que si se tratara de una caricaturesca aplanadora. La novela de Orwell obedece a una compleja construcción lógica que evoca la destreza de Lewis Carroll en sus premisas y en su estructura. *Winston Smith en el país de las antimaravillas* podría ser el título irónico de *Mil novecientos ochenta y cuatro* si se pensara en su trama llena de paradojas y sinsentidos que tienen a otro nivel de pensamiento su articulación lógica y su sentido final.

No hay que olvidar que *Mil novecientos ochenta y cuatro* es también una historia de amor, o más bien, una historia de la imposibilidad del amor en una sociedad totalitaria. Julia, la amante clandestina de Winston Smith, con su implacable pasión por el sexo y los prohibidos goces del cuerpo en "Oceanía", se nos presenta como la encarnación de la astucia que sabe ocultar los más profundos instintos humanos detrás de la conformidad aparente. Los demonios del sexo, del placer y del amor habitan el cuerpo de Julia e impulsivamente manifiestan sus deseos, pero con la astucia de la contención engañosa, de la dosis, de las reglas del juego violadas en la sombra: una verdad "demasiado humana" habitaba el cuerpo de Julia. Por su parte, George Orwell (pseudónimo de Eric Blair) era un hombre habitado por los demonios de una existencia "mal vivida" en los límites de lo que el cuerpo y la inteligencia son capaces de soportar. Conoció en carne propia la intolerancia de la naturaleza y la más terrible intolerancia de los hombres. Creía en los dones mágicos de la palabra que denuncia, que señala las verdades con dedo de fuego: por eso fue periodista político de lucidez asombrosa, cronista de genio y militante "errado" (consciente de la lógica del poder, más de una vez se alió a los perdedores). Creía también en la fuerza misteriosa de la literatura que, con una voz más sutil y más perdurable que la voz del periodismo, dice lo que sólo de forma sensible puede ser descrito: los claroscuros de la naturaleza del hombre.

Sufriendo las más terribles miserias de los perdedores, Orwell se llenó de los demonios llenos de vida que pululan entre las líneas perfectamente paralelas de *Mil novecientos ochenta y cuatro*: a él también, una verdad "demasiado humana" lo habitaba.

Melancolía del olvido
Panait Istrati: regreso pausado

Que la vida es fácilmente olvidadiza, lo demuestra con crueldad el caso del escritor rumano Panait Istrati. A pesar de haber gozado en los años veinte de una popularidad sólo comparable a la de Orwell en 1984, las generaciones más recientes apenas han oído su nombre y poquísimos lo habrán leído. Las razones de este tipo de olvido siempre son muchas, heterogéneas, y se conjugan con sinrazones. La estrella afortunada del escritor aventurero Istrati comenzó a declinar en 1929, justo cuando se hizo protagonista de un escándalo muy similar al que siete años después crearía André Gide con su *Regreso de la* URSS. Como Gide, Istrati sería el blanco de condenas dogmáticas y difamaciones, pero aún más que él, sería víctima de las manos misteriosas que corroen la memoria.

A pesar de todo, las novelas de Panait Istrati son de una gran calidad y, por su ausencia en las librerías, se han convertido ya en tesoros por desenterrar y en secretos que, si hay suerte, podemos compartir.

En 1984 se cumplieron cien años de su nacimiento y en 1985 cincuenta de su muerte. Ironía de este ochenta y cuatro: el autor más festejado y discutido, George Orwell, trece años antes de escribir su novela *Mil novecientos ochenta y cuatro*, había recibido del entonces famoso autor Panait Istrati una especie de padrinazgo intelectual, cuando éste prologó la edición francesa de su primer libro: *Down and Out in Paris and London*. ¿Quién podría haberse imaginado entonces, en 1935, que la figura de Orwell crecería tanto como la de Istrati sería olvidada?

Las palabras del hechizo: Kyra Kyralina

El primer libro publicado por Istrati, en 1924, le hizo ganar inmediatamente un público entusiasta y ávido. Es una novela que desde el principio abre el apetito por saber más sobre los personajes: novela abierta por sus posibilidades de desarrollo, pero al mismo tiempo perfectamente circular por su estructura.

De hecho, *Kyra Kyralina* es la puerta encantada por la que se entra en el universo de Panait Istrati, en el que la magia de una imaginación apasionada penetra el cuerpo de un aparente realismo telúrico (la novela se vuelve narración poética y, al mismo tiempo, relato de aventuras). *Kyra Kyralina* es un libro recorrido por un viento de Oriente; y ya se sabe que los vientos orientales vienen cargados de voces que pueden contar mil historias: una tras otra, historias diferentes que luego resultan ser parte de la misma.

Sus personajes son hombres y mujeres del Oriente Balcánico, poseídos por fuerzas internas excesivas, navegando a la deriva de una vida que fácilmente los seduce y los rebasa colmándolos de inmensas alegrías o de muy profundas heridas.

La Scherezada del ciclo de relatos que Istrati abre con esta novela, es un hombre joven, Adrien, que en vez de contar las historias simplemente las oye con entusiasmo. Quienes las relatan son hombres ligados a Adrien por el afecto: parientes o amigos. Esto no es extraño si se piensa que todos los libros de Istrati pueden ser vistos como una exaltación de la amistad, del sentimiento fraterno que llega a confundirse con la pasión amorosa: ésa es, sin duda, una de las caras de su obra.

Alrededor de Adrien se teje una peculiar red de relatos que él une con los ojos abiertos por el asombro y los oídos sensibles a los matices de la vida ajena. Adrien Zograffi es, como Istrati, hijo de un contrabandista griego y una lavandera rumana. Vive y crece, hasta comenzar sus errancias mediterráneas o balcánicas, en el puerto de Braila, a orillas del Danubio. En su sangre, como en los incidentes de su vida, se cruzan los caracteres ruso, turco, griego, armenio y rumano.

El primer resultado de ello es un curioso desarraigo fascinado por el mundo, una necesidad de errar y tocarlo todo con las manos. Pero también una sensibilidad acrecentada hacia las cosas de la tierra. Hay en Istrati, como en sus personajes, un paradójico y sensual arraigo volátil: sus raíces son más bien aéreas y se alimentan con lo que les ofrece la voluptuosidad del viento.

Como historia de Oriente, *Kyra Kyralina* es un relato de relatos: Adrien se prepara para comenzar a recorrer el mundo. Tiene dieciocho años y se rebela contra la prohibición de hacerlo; pero cada persona es un misterio que por su propia boca se desentraña: cada vida es mil aventuras destinadas a convertirse en relato. Stavro será el personaje narrador principal de esta primera novela y, en tres fases sucesivas, nos entregará el secreto de su vida: primero hablará de sí mismo adulto, luego de su hermana Kyra y de lo que con ella vivió en su infancia, y por último nos contará su adolescencia de metamorfosis, hasta convertirse en el Stavro que comienza la novela.

En cada una de las fases cambia incluso de nombre: en la primera el vagabundo trata de rehacer su vida fingiendo ser otro, Domnul Isvoranu, comerciante en cobres de Damasco. El fracaso de esa tentativa se liga con el cuerpo central del libro, en el que Stavro revela llamarse en realidad Dragomir, y cuenta la historia de su infancia al lado de su madre y de su hermana Kyra, a quienes pierde como pierde su inocencia y su desconocimiento de los hombres y del mundo. Luego asistimos a la metamorfosis del niño Dragomir en el errabundo Stavro, el mismo que le dice a Adrien cuando insiste en que le cuente su historia: "Te la diré, pero sé consciente de que siempre se sufre cuando se hurga en las maletas de los viajes pasados".

A lo largo de estas tres narraciones que a su vez se subdividen en otras, aparecen personajes enigmáticos que más tarde, en otras novelas, contarán su propia vida; como Cosma, como Mikhail, como el tío Anghel: nombres de personas que a su vez serán nombres de las novelas de Istrati, ya que para el escritor rumano, el mejor libro es aquel en el que alguien relata su propia historia.

Hay en este tipo de narrativa un soporte verbal, un hilo de voz que, más allá de la anécdota, conmueve por su fuerza afectiva. El escritor Joseph Kessel, amigo de Istrati, lo describe con esa aura sensible del narrador innato:

Sus demonios, o sus ángeles, lo dominaban. Le ordenaban de pronto: *cuenta*, e Istrati comenzaba de improviso, excitado por una palabra, una bebida, un olor o alguien que pasaba. Era lo mismo que tuviera veinte amigos oyéndolo o uno solo, que estuviera en un salón elegante, en un callejón de Montmartre o en los muelles del Sena. ¡Y, qué libertades se daba hablando! La historia escurría por innumerables grietas, se permitía digresiones, infinitos escapes, parecía perderse en las arenas movedizas de la memoria, y a pesar de todo siempre encontraba su flujo, su curso por un lecho sinuoso y lleno de tesoros. Hombres y mujeres emergían de ese extraño río, y mientras Istrati hablaba parecían rodearlo, escoltarlo. Ahí estaban, tan vivos como su auditorio o como él. Venían de la leyenda o de la realidad más humilde […] ¡Cómo contaba Istrati! Y cuánto lo amé por esa maravillosa evasión que nos regalaba, por ese regreso a la época, sin escritura, en la que el narrador es a la vez novelista, historiador y poeta; y podía sentir cómo se transmitía el mensaje de sus dioses de él hacia la masa que lo escuchaba; y entonces reinaba, mejor que un rey, sobre las mentes y los corazones. Nadie que haya escuchado a Panait Istrati pudo escapar a su dominio. Sus libros son la prueba de que Panait Istrati podía hacer pasar esa fuerza narrativa a la escritura; no todos los que tienen esa habilidad oral lo logran.

Errancia hacia la escritura

El efecto más inmediato que produce la lectura de *Kyra Kyralina* es el de un encanto literal, una fascinación por esos personajes tan lejanos de nuestra geografía pero, a la vez, tan cercanos a nuestras pasiones, nuestros dilemas o alegrías. Personajes tan fascinantes como su mundo, que corre a la deriva a lo largo de sus novelas. La densidad de ese mundo imaginario es también inmediatamente seductora y sensual, y es capaz de sostener su palpable invitación a través de cientos y cientos de páginas (las obras principales de Panait Istrati forman 19 libros, agrupados en cuatro gruesos volúmenes en la edición Gallimard). No hay en tantas páginas una escena ajena al conjunto de la obra; tampoco hay reiteración o cabos sueltos.

A esa capacidad narrativa para expresar un complejo mundo imaginario perfectamente estructurado, Istrati añade su gusto por la perfección de cada fragmento en cuanto a unidad y sabor intenso: las partes y el todo se hablan y se responden con juego y con precisión. Los relatos de Istrati están llenos de su propia vida: no parece haber una actitud de sus personajes, una escena, un gesto o una expresión, que no parezca haber sido vivido directa o indirectamente por Istrati. Su obra es un desmedido canto a la vida, a la amistad, a la aventura, a la errancia. Sin embargo, esta escritura tan vital, y a veces tan vitalista, encuentra en la dulzura y en el misterio su cuerpo generoso, su fluir de pronto reposado, su suave comunicación con nosotros sus lectores.

Las biografías de Istrati confluyen con la leyenda y nos muestran a un nómada absoluto que sólo en la literatura encuentra su horizonte fijo. Presentan a alguien que vivió con desesperación, que arañaba a la vida cuando quería asirse de ella, y que se metía en el corazón de la gente con ímpetu brutal. Pareciera que Istrati encontró en la literatura (y en todas las amistades apasionadas que la literatura le trajo) un asidero, una línea tendida sobre la cual sostenerse y dejarse guiar. Istrati: ávida araña que lanzó su tela de palabras para caminar sobre ella y seducirnos.

Fue hijo de un contrabandista griego que, según cuentan algunas versiones, murió asesinado por guardias forestales cuando Panait tenía un año. Creció bajo el manto protector de las historias contadas por su abuela, por su madre, y por los dos tíos que luego serían personajes de sus historias: Anghel y Dimi.

Panait abandona la escuela y recorre todos los empleos disponibles para sus catorce años: aprendiz de todo y de nada, de mecánico, panadero, campesino, pescador, cerrajero, fotógrafo ambulante, etcétera. Finalmente se vuelve, con reincidencia, pintor de casas. Así encuentra trabajo cuando lo necesita, y entre cada "obra" puede viajar en compañía de su amigo Mikhail, encontrar edificios que pintar en otras ciudades, o en su defecto hacerse velador de ellos; y continuar viajando.

Durante poco más de nueve años recorrieron Mikhail y Panait cientos de paisajes. "En esa época —dice Istrati— para mi estómago sólo quería un pedazo de pan, pero para mis ojos quería el mundo entero". El vicio de la literatura ya lo había hecho entonces su prisionero: "El dinero que ganaba era para comprar libros y tabaco. Llegué incluso a vender un traje nuevo y comprar uno usado para poder conseguir más libros y más tabaco".

En un torbellino de crisis, decepciones amorosas y una gran depresión, la tuberculosis lo alcanza en su camino. En una de tantas hospitalizaciones, un compañero de cuarto le enseña francés y le ayuda a descubrir los libros de Romain Rolland. "Encuentro de pronto a un amigo cariñoso que me habla en una lengua nueva que me toca directamente el corazón". Es el año de 1919, Istrati tiene treinta y cinco años y le envía una larga y apasionada carta a Romain Rolland. Meses después el correo la regresa cerrada con la mención "ya no vive aquí". Año y medio después, Istrati se corta el cuello con una navaja. La policía encuentra con su pasaporte la carta dirigida a Romain Rolland y se la hace llegar. El escritor, entusiasmado al leerla, comienza una correspondencia con el suicida, que pronto se convertirá en amistad y en padrinazgo. "En su carta —le escribía Rolland— veo brillar los destellos del fuego divino del alma". Más tarde escribiría:

A principios de 1921 me enviaron una carta desde un hospital en Niza. La habían encontrado en el cuerpo de un desesperado que se acababa de degollar. Había pocas esperanzas de que sobreviviera. Leí la carta y me sentí impresionado por el tumulto del genio. Un viento ardiente sobre un llano. Era la confesión de un nuevo Gorki de los países balcánicos. Lograron salvarlo y quise conocerlo. Nos escribimos y nos hicimos amigos.

Rolland presiona a Istrati para que escriba las historias que tan maravillosamente cuenta: "No quiero que me envíe cartas exaltadas, sino una obra. Espero su obra, realícela". En 1922, gracias a la ayuda de un amigo mecenas, un comerciante en zapatos llamado George Ionesco, Istrati escribe desaforadamente los esbozos de sus tres primeras novelas. Cuando Rolland leyó el manuscrito de *Kyra Kyralina* le escribió inmediatamente a Istrati una carta exaltada: "No puedo esperar más para decirle que he devorado *Kyra Kyralina* a medianoche, y que es formidable. No hay nada en la literatura actual que tenga esta fuerza. Ninguno de los escritores actuales, incluyéndome, es capaz de escribir esto [...] Ahora que su volcán ya está abierto, arrójelo todo".

De hecho, Istrati se arrojó con vehemencia a la escritura en el sótano de la tienda que tenía en París su amigo Ionesco. Antes de que *Kyra Kyralina* fuera publicada, Istrati ya había escrito, por lo menos en primeras versiones, una buena parte de las novelas que publicaría en los años siguientes. Su situación de vagabundo miserable comenzó a tener una nueva cara brillante.

Pero la luna de miel con la sociedad literaria de Romain Rolland, que con tanto entusiasmo lo había recibido, no podía durar mucho tiempo. Tanto Romain Rolland como Henri Barbusse eran las cabezas prestigiosas de la intelectualidad ligada a las causas comunistas y, explícitamente, al Partido Comunista. La popularidad ganada tan súbitamente por Istrati lo convirtió en una ayuda indispensable para la causa comunista. Ya en 1927, Panait Istrati preside la manifestación en contra de la ejecución de Sacco y Vanzetti y es vicepresidente de la asociación "Amigos de la URSS". Cada vez con más insistencia, la defensa de las causas justas se fue convirtiendo en la exigencia de una militancia a ojos cerrados. Y eso iba pesando sobre el entusiasta "Gorki balcánico".

Políticamente, Istrati demostraba una gran inocencia vitalista, según los testimonios de Boris Souvarine y de Víctor Serge, y más de una vez se hizo eco de Romain Rolland en declaraciones proestalinistas. De ahí que, en 1927, fuera invitado a presenciar en Moscú las celebraciones de los diez años de la Revolución de Octubre. La primera imagen que Istrati recibe, como invitado especial, lo hace entusiasmarse por "la nueva sociedad". En Moscú se hace amigo de Nikos Kazantzakis, y juntos deciden hacer un viaje mucho más largo por toda la Unión Soviética. Istrati comienza entonces a ver otra cara de lo que cada vez más se le presenta como una falsa moneda: la nueva sociedad de sus sueños y de la propaganda.

En 1929 Istrati publicó el resultado de esa experiencia: un libro demoledor, *Hacia la otra flama*, que le hizo pagar el precio de decir la verdad contra todos los que lo rodeaban y a pesar de todo. Ese libro de Istrati fue presentado en tres volúmenes, uno de los cuales fue escrito por Víctor Serge, y el otro por Boris Souvarine. Sólo algún tiempo después se supo quiénes fueron los verdaderos autores de los dos tomos que no llevaban la marca del estilo Istrati.

El que sí escribió es inconfundible: pasional, desgarrado, lleno de cosas vividas. Los otros son más expedientes de datos y de discusiones doctrinarias. El de Istrati es una herida abierta que no sanará en toda su vida: la pérdida de la ilusión progresista de un mundo distinto que en realidad era una dictadura totalitaria de hombres crueles.

Melancolía del castigo
Un mundo aparte:
Herling, Dostoievski, Solzhenitsyn

Una de esas voces capaces de decir con la fuerza quieta de un relato literario "los secretos que sólo sabe quien escapó del infierno", es la del polaco Gustav Herling-Grudzinski, autor de un libro de memorias que describe de manera excepcional los límites morales más bajos del hombre y que, en homenaje a Dostoievski, tituló *Un mundo aparte*.

Al comienzo de su libro *Memorias de la casa muerta*, también conocido como *Recuerdos de la casa de los muertos*, Fedor Dostoievski escribió: "Hay aquí, en Siberia, un mundo aparte; un mundo muy diferente al que conocemos, con leyes y costumbres peculiares: es la casa de los muertos vivientes, una vida aparte de los hombres aparte. Y ese mundo es el que quiero describir". Herling tomó como epígrafe ese párrafo y, a su manera, se lanzó también a hacer el recuento de la humanidad separada a la que perteneció. Anterior a la obra de Solzhenitsyn, el libro de Herling se vincula con ella por su dimensión literaria y, sobre todo, se vincula con novelas intensamente autobiográficas como *Un día en la vida de Ivan Denisovich*. Así, a pesar de no ser novela, *Un mundo aparte* se aleja de la gran mayoría de libros que ofrecen un testimonio de los campos de concentración soviéticos. De manera explícita, la verdadera ascendencia del relato de Herling está en la novela de Dostoievski ya mencionada, que fue una de sus lecturas secretas durante el encierro.

Herling se encontró con *Recuerdos de la casa de los muertos* de una manera totalmente novelesca. Un día excepcional en el campo de concentración, las autoridades permitieron que los prisioneros tuvieran una función de cine. Después de una película de propaganda que a todos dejó indiferentes, exhibieron una basada en la vida de Johan Strauss: *El gran vals*. En la miseria permanente del encierro, en la respiración monótona de una existencia sin salidas, la vida imaginaria de las cortes europeas encajaba como un sueño violento e imposible: el paraíso perdido y, a la vez, el otro extremo de un túnel interminable. "Mi corazón latía más rápido —escribe Herling—, tenía la impresión de asfixiarme y, constantemente, tenía que pasarme las manos sobre las mejillas para refrescarlas". Todos a su alrededor habían dejado de parpadear y con la boca abierta se sumían en la contemplación del fruto arrebatado, prohibido: la vida en libertad.

Alguien le susurró al oído: "¿Volveremos algún día a vivir como humanos? ¿Terminará la obscuridad de nuestra tumba, nuestra muerte en vida?". Natalia Lvovna, una prisionera que Herling apenas conocía, emocionada como todos en la sala, había dejado escapar como suspiros esas palabras un poco ampulosas que, sin embargo, impresionaron a Herling de una manera misteriosa. Al terminar la película los prisioneros salieron de la barraca donde ésta se exhibía; una nevada ligera los acompañaba. Natalia lloraba y Herling, caminando en silencio a su lado, trataba de hacerle sentir que no estaba sola. Cuando llegaron frente a la barraca de Natalia ella le pidió que la esperara. Regresó ocultando entre su ropa algo que resultó ser un libro viejo, muy maltratado: *Recuerdos de la casa de los muertos*. Con una voz titubeante le dijo: "Pero no diga de dónde lo sacó ni lo muestre a nadie: está prohibido en toda Rusia y mucho más aquí".

Durante dos meses, Gustav Herling leyó y releyó en secreto esa novela clásica sobre los campos de concentración rusos, que desde 1862 tuvo varias ediciones. Cada vez que se iba a cruzar con Natalia él la evitaba y, de lejos, descifraba en sus gestos una pregunta ansiosa sobre los efectos del libro clandestino: su secreto compartido. Pero Herling estaba ya embrujado por su lectura y trataba de no devolverlo a su dueña. Sentía que hasta ese momento había vivido en un estado de trance; que despertaba, gracias al libro, de un largo sueño mortal. Pero lo que había trastornado a Herling no era tanto la manera en que Dostoievski describía los grandes sufrimientos de los presos siberianos del siglo XIX como si ese dolor formara una parte normal de la naturaleza humana, sino un hecho que se desprendía de esa lectura: que había una absoluta continuidad entre su existencia y la de aquellos muertos vivientes descritos por Dostoievski casi cien años antes. No hay salida, debió sentir Herling, el sufrimiento es eterno. La única puerta abierta que en ese momento se le presentaba era la melancolía. En todos sus instantes libres tomaba el libro y se sumía en él con latidos acelerados y un tumulto de ideas tristes en la cabeza: una imaginaria gota permanente sobre el mismo lugar del cráneo y una desesperación muy obscura. "Fue uno de los periodos más difíciles de mi vida de prisionero", afirma Herling. Leía el libro de Dostoievski ocultándose y cuando iba a trabajar lo escondía temiendo, pero deseando a la vez, que se lo robaran, que desapareciera de pronto dejándolo libre de su embrujo, de la sensación de encierro eterno que le dejaba su lectura; "lo odiaba y lo amaba de la misma manera en la que ciertas víctimas pueden relacionarse con su instrumento de tortura".

Herling se dio cuenta entonces de que si se vive en la esclavitud, tener conciencia de ella —según sus propias palabras— es más peligroso que el hambre o la muerte física.

Hasta ese momento yo había vivido como los otros prisioneros, evitando instintivamente la necesidad de mirar de frente lo que era entonces mi existencia. Pero Dostoievski, con su relato simple, lento, en el cual cada día de trabajo parecía prolongarse durante varios años, me acarreó sobre las aguas de una negra desesperanza, de una corriente sombría que, abriendo un camino subterráneo, se hundía finalmente en tinieblas eternas. En vano traté de luchar contra esa corriente poderosa.

El tiempo se había detenido y el único escape posible de ese túnel parecía ser la muerte:

Me hubiera sido imposible vivir mucho más tiempo en el campo de concentración poseído, como estaba, por la sensación de vivir un destino que se repite infinitamente. Entre más bebía el agua de la fuente envenenada del relato de Dostoievski, más consuelo encontraba en la idea que tuve entonces por primera vez: la idea de huir a través del suicidio. Pero, afortunadamente para mí, Natalia Lvovna estaba más intoxicada que yo por la lectura de Dostoievski y, una noche, vino a mi barraca, me pidió que saliera y me dijo con mucha calma y seriedad: me tiene que devolver ese libro, no puedo vivir sin releerlo; no tengo a nadie en el mundo y ese libro significa todo para mí.

Al dárselo y ayudarla a esconderlo entre su ropa, Natalia comenzó a reírse de manera forzada, nerviosa. A través de su mirada cansada y triste, de su sonrisa incierta, asomaban indicios de locura.

Después, Natalia le dio una larga explicación sobre su necesidad de leer constantemente ese libro que no podría sino hacerla desear la muerte física. Dostoievski le había enseñado lo que es la muerte en vida: "Desde hace mucho estamos muertos, aunque no lo podamos admitir —le decía Natalia—. Sencillamente, piense en esto: yo pierdo completamente la esperanza cuando en mí se despierta el deseo de vivir. Pero la recupero en cuanto me domina el deseo de morir".

Herling la veía apretar contra su pecho el libro, amarillento como su cara enferma, prematuramente envejecida. La vio alejarse lentamente mientras la nieve cubría sus huellas. En su cabeza giraban todavía algunas palabras de Natalia: "Nos pertenecemos: sólo podemos vencer al destino dirigiéndolo contra nosotros mismos. Sólo así somos dueños absolutos del momento y la manera en que habremos de morir".

Herling lamentaba tener que separarse del libro que le había abierto los ojos sobre su realidad, aunque ésta tuviera la cara de la muerte en vida. Pero, al mismo tiempo, y sobre todo al ver a Natalia, se sentía aliviado de no poder frecuentar más el poder destructor de esa prosa. Algunas semanas después, Natalia Lvovna se cortó las venas con un cuchillo oxidado. Fue descubierta y llevada al hospital a tiempo para hacerla regresar a la vida, lentamente y sin alegría. Aunque se volvieron a ver y cruzaron de lejos algún saludo, Gustav y Natalia nunca más conversaron: "Hay secretos —escribe Herling— que unen a la gente, pero hay también secretos que la separan". Para ellos, la vena abierta en sus vidas por los demonios que habitan las palabras de Dostoievski fue su horizonte y a la vez su frontera. Tuvieron destinos diferentes.

En el de Herling estuvo la suerte de ser finalmente liberado y la osadía de escribir un libro que durante muchos años, en varios países, sería un libro maldito.

Un destino y un libro

Herling tenía veinte años en septiembre de 1939 cuando su país, Polonia, fue ocupado y repartido entre alemanes y rusos. Aunque había militado en las juventudes socialistas, el mundo de Herling era también el de la literatura: estudiaba letras en Varsovia y había publicado, sobre todo, comentarios a la obra de Gombrowicz. En marzo de 1940 la NKVD, la policía soviética, lo apresó tratando de cruzar la frontera con Lituania. Su intención era reunirse con el ejército polaco en Francia para combatir a Alemania. Su destino lo llevó en cambio a los campos de concentración soviéticos: dos años estuvo en Yertsevo, al este de Leningrado, una parte de la red de campos de Kargopol, que entonces se extendía a lo largo de setenta kilómetros para albergar a cerca de treinta mil prisioneros. *Un mundo aparte* surge de esa experiencia: la del hambre y la degradación física, la de las amistades y las esperanzas ganadas y perdidas en un campo de concentración, la de los límites de la abyección y la absoluta pérdida de dignidad; en fin, la experiencia de la naturaleza humana en sus más tristes condiciones.

Liberado en 1942, Herling-Grudzinski logró alcanzar al ejército polaco y participar en la campaña de Italia. Entre julio de 1949 y el mismo mes de 1950 escribió *Un mundo aparte.* La historia breve de la publicación de este libro en diferentes lenguas es significativa de varias maneras porque nos habla de la intransigencia ideológica de diferentes países y de la evolución de esa intransigencia. En 1951 fue publicado en Inglaterra con un prólogo de Bertrand Russell que afirmaba: "Entre los numerosos libros que he leído escritos por víctimas de las prisiones y los campos soviéticos, *Un mundo aparte* es uno de los más impresionantes, de los mejores escritos. Posee, de manera excepcional, un poder de descripción muy simple y muy vivo, y es absolutamente imposible dudar de su sinceridad".

Por lo visto Russell sentía la necesidad de enfatizar, al lado de las cualidades literarias del libro, su veracidad. Tenía en mente al público, sobre todo intelectual, de los años de la posguerra, más vinculado a la fe ideológica y militante que a la verdad. En su misma insistencia, Bertrand Russell tocaba el centro del verdadero tema de este libro al resaltar la importancia humana, más que ideológica, del testimonio. Además, dirigía a los militantes del Partido Comunista y a sus acompañantes una crítica que era más bien una súplica, un llamado a la sensatez: "Los *compañeros de ruta* que se nieguen a creer que un libro como el del señor Herling es verdadero, carecen necesariamente de un sentimiento humano; en vez de rechazar esta evidencia deberían tomarse la molestia de examinarla con mayor detenimiento".

Un mundo aparte se reeditó casi inmediatamente en Inglaterra y poco después en Estados Unidos. En Francia, en cambio, las Grandes Buenas Conciencias de la izquierda dominaban el panorama cultural y el conformismo progresista le hacía la guerra a todos los testimonios sobre los campos soviéticos: no era buen momento para publicar a Herling. Aun los editores sin prejuicios inmediatos podrían temer una reacción muy desfavorable del público mayoritario de izquierda hacia su editorial. Con más razón si se pronunciaban en su contra personalidades intelectuales de gran renombre. Pero eso no le importaba a Gabriel Marcel, que dirigía la colección "Fuegos cruzados" para la editorial Plon y que había mandado traducir el libro en 1952. Estaba a punto de publicarlo cuando la dirección de la editorial lo rechazó después de que algunos fragmentos aparecieron en la prensa. Otras tres editoriales parisinas rechazaron el libro en los siguientes tres años. En 1955 Albert Camus lo leyó y se entusiasmó con él. Camus trabajaba entonces en la editorial Gallimard y lo propuso ahí para su publicación. A mediados del año siguiente, Gustav Herling recibió una carta de Camus disculpándose por no haber podido lograr su aceptación.

En *Kultura*, la revista de los disidentes polacos editada en París y en cuya fundación Herling participó, publica con cierta regularidad un *Diario escrito de noche* donde citó hacía poco la carta de Camus:

> Me gustó mucho su libro y aquí (en Gallimard) hablé de él con entusiasmo. Sin embargo, la decisión fue finalmente negativa, sobre todo por motivos comerciales, me parece. Esta negativa fue para mí, una gran decepción y quiero decirle por lo menos que, en mi opinión, su libro debería ser publicado y leído en todos los países, *tanto por lo que es como por lo que dice.* Si usted lo permite, continuaré estudiando las posibilidades de publicarlo en otras editoriales. En todo caso, siento mucho no haber podido servirle mejor.

Es probable que detrás de la diplomática carta de Camus se escondiera la oposición —o el temor a la oposición— de Louis Aragon, muy ligado a los intereses soviéticos y director de una colección en Gallimard; o de Sartre, igualmente "comprometido" con Rusia y con el clima ideológico de la época.

Sólo hasta mediados de 1985 sería publicado en Francia *Un mundo aparte*: treinta y cuatro años después de su primera edición, como un signo del lento y largo deshielo ideológico de ese país. Tal vez sea evidente que a pesar de haber sido escrito en polaco, el libro de Herling apareció en su lengua original únicamente en una editorial del exilio, es decir, fuera de Polonia.

En español, el libro se publicó en 2012. En Italia —donde residía Herling—, país cuya vida intelectual se ha desarrollado muy intensamente ligada al Partido Comunista y por lo tanto a la Unión Soviética, *Un mundo aparte* se publicó por insistencia de Benedetto Croce, pero su circulación fue intencionalmente restringida. Sólo a partir de 1968, cuando la revuelta estudiantil italiana y la opinión pública rechazaron en parte a la ortodoxia del PCI, el libro se reeditó y distribuyó normalmente. El promotor y prologuista de la edición francesa fue Jorge Semprún, que ya en su libro de 1980, *Quel beau dimanche*, había escrito: "*Un mundo aparte* es sin duda —con su sobriedad, con su retenida compasión, con la escueta perfección de su articulación narrativa—, uno de los relatos más impresionantes que se hayan escrito sobre un campo estalinista".

Tiene razón cuando compara favorablemente *Un mundo aparte* con otros relatos similares. Hay en el libro de Herling una dimensión literaria que va más allá de la realidad de un campo de concentración para alcanzar realidades humanas más profundas y extendidas. El libro de Herling no es tan sólo —y ni siquiera es primordialmente— una crítica al sistema soviético que encierra a las personas. En *Un mundo aparte* esa crítica es una deducción que podemos hacer a partir de lo que leemos. Porque lo primero que vemos es la experiencia del hombre en situaciones extremas de degradación física y moral.

Culpa y santidad

Hay una dimensión religiosa en todos los relatos que tratan de los campos de concentración soviéticos. Está presente tanto en Dostoievski como en Solzhenitsyn, y lo está en el libro de Herling pero de una manera muy distinta. Mientras Solzhenitsyn y Dostoievski forman parte de un mundo en el que la culpa compartida impregna a todos, incluyéndolos, Herling describe ese mundo culpable y culpabilizado desde el exterior, siempre fascinado por él, pero muy ajeno a sus movimientos. A diferencia de Dostoievski, que como heredero de una tradición cristiana muy peculiar trata de entender racionalmente lo irracional del suplicio humano —lo irracional del exterminio de los hombres por los hombres—, Herling se niega a racionalizar lo que va más allá de las razones y se dedica a mostrar la abyección: relata la ignominia vivida por él y no trata de situarla en ningún esquema teológico (o político) de interpretación. En ese sentido es más artista y menos racionalista, más escritor y menos filósofo. La culpa compartida que todo lo explica fue una de las obsesiones de Dostoievski: mientras estuvo preso se declaró inocente, pero en cuanto lo liberaron se consideró culpable y merecedor, "como todos", del suplicio. Vladimir Nabokov, que no estima mucho a Dostoievski, vería esto como parte de lo que él llama su cristianismo neurótico, cuyo surgimiento sitúa precisamente en sus años siberianos:

> Pasó cuatro años de servidumbre penal en Siberia, en compañía de asesinos y ladrones, pues aún no se había establecido ninguna separación entre delincuentes comunes y presos políticos. Describió aquel tiempo en sus *Recuerdos de la casa de los muertos*. No es una lectura agradable. Ahí refiere en detalle todas las vejaciones y penalidades que tuvo que soportar y retrata a los delincuentes con quienes convivía. Para no volverse totalmente loco en aquel ambiente, Dostoievski tenía que encontrar alguna vía de escape. La encontró en un cristianismo neurótico que se forjó durante aquellos años. Es natural que algunos de los convictos con los que vivía mostraran, junto a una tremenda animalidad, uno que otro rasgo humano. Dostoievski recogió esas manifestaciones y sobre ellas edificó una racionalización muy artificial y completamente patológica del pueblo llano de Rusia. Era el primer paso de lo que sería su camino espiritual.

Para Solzhenitsyn el encierro es, por supuesto, condenable. Pero hay en su obra una idea de redención del hombre a través del castigo. De nuevo, una racionalización de lo que esencialmente es irracional.

Si Herling no participa en esos procedimientos del pensamiento, eso se debe no sólo a la fuerza del tipo de universo cristiano en el que están los dos escritores rusos sino, tal vez, a la diferencia que existe precisamente entre los rusos y un polaco como Herling. No es una casualidad que la misma Natalia Lvovna, rusa, le haya dicho a Herling que antes de leer a Dostoievski la atormentaba el sentimiento de que si la habían apresado sería por alguna razón poderosa. Es decir, el sentimiento de merecer, de una u otra manera, su castigo. El alivio que le dio Dostoievski, según sus palabras, consistió en darse cuenta de que "toda Rusia y todos los rusos somos culpables. Toda Rusia es una casa de muertos". Para Herling, lo que valía la pena, en cambio, era relatar las cosas tal como las vivió, incluyendo una acuciosa descripción de ese "sentimiento ruso" en muchos de los prisioneros que estaban con él. Entre ellos, no faltaron quienes sintiéndose portadores de una culpa ancestral aumentaran por su propia mano su castigo. No faltaron estalinistas más radicales que quienes los encerraron, verdaderos herejes pero santos de una manera perversa. De alguna manera también hay santidad, y redención, gracias al sufrimiento en Ivan Denisovich, el personaje de Solzhenitsyn. En la novela seguimos a Ivan durante un solo día que es su día más afortunado: el más feliz de su vida de prisionero. La lectura nos llena de melancolía por un efecto irónico: los momentos más maravillosos de Ivan son de una miseria y una tristeza inimaginables. ¿Qué será entonces su peor día? La candidez de Ivan, la inocencia profunda con la que vive su jornada, nos eleva el personaje a una altura moral de beatitud llana que deja muy atrás la historia de sus crímenes, cometidos o no. Su inocencia es primordial, profunda y adquirida o sacada a flote en el castigo. Su culpa es por lo tanto de otro orden: básicamente moral y compartida. Tiene razón Georges Nivat, uno de los mejores comentadores de Solzhenitsyn, cuando escribe: "Para él la prisión no es el cáncer obsesivo que invade a todo el organismo de nuestro siglo, sino 'el primer amor' y el nacimiento de una nueva libertad. Solzhenitsyn es el profeta de un nuevo ayuno —de una penitencia— del tamaño de la humanidad". A diferencia de algunos de sus contemporáneos que describieron el goulag, Solzhenitsyn no vio en él absurdo o locura, sino principio de lucidez, razón que da sentido al pasado y al presente de los hombres, pero sobre todo a su futuro. Ese impulso profético es también lo que lo distingue de Dostoievski, a pesar de que ambos piensan su encierro desde la racionalidad de la culpa.

En Herling no hay sino una mirada exterior al universo del martirologio racionalizado, pero interior a la experiencia humana en su nivel más inmediato. Él cuenta su historia y las de los hombres y mujeres que en su trayecto lo tocaron de una manera profunda, a través de sus afectos. La comprensión de Herling es aguda y sensible: entiende pero se niega a justificar su padecimiento y los de quienes lo rodean. Si bien Herling comparte los padecimientos de todo prisionero, en su relato se vuelve a ver la diferencia entre ser polaco y ser ruso en el campo. Para comenzar, su mismo estatuto de prisionero era diferente. Un polaco en ese campo de concentración no formaba parte del organismo soviético como los otros rusos, miembros enfermos que deben ser reeducados o aniquilados. En un principio su situación era peor: un polaco era enemigo del organismo y su veredicto, sin remedio, la eliminación. Pero los acontecimientos de la guerra (la alianza final de Stalin con los aliados occidentales después de haber sido enemigo de ellos y aliado de Hitler) permitieron que el polaco Herling fuera visto como parte de un organismo aliado y que por lo tanto se decidiera su liberación. También desde el punto de vista de su relación con los otros prisioneros, Herling era básicamente un extranjero, alguien que si bien comparte las experiencias comunes del encierro, es ajeno a sus razones.

Entre las historias más impresionantes que cuenta Herling está la de Mijail Alexie Kostylev, una especie de santo ruso. Entre los muchos capítulos de *Un mundo aparte*, el de Natalia Lvovna y Dostoievski, tanto como el de Kostylev, constituyen centros imantados del libro, ejes que organizan el movimiento mental que se produce en nosotros al leer esa multiplicidad de experiencias.

A Herling le asombraba la manera obsesiva en que Kostylev reconstruía y reinterpretaba su caso, describiendo con calma su arresto, su interrogatorio, su confinamiento en el campo, "de manera convincente y detallada como un incurable que con frialdad fingida relatara los avances de la enfermedad en su cuerpo". Algunos detalles de la larga historia de este personaje pueden dar una idea clara de su experiencia y de la mirada, al mismo tiempo cercana y retenida, de Gustav Herling. En Kostylev se podía ver un estilo de conversación impregnado de un delirio religioso: no había obstáculos para su lógica implacable. Tenía veinticuatro años cuando el Partido le pidió que abandonara sus estudios de ingeniero en Moscú para ir a la escuela naval en Vladivostok. Y lo hizo con mucho gusto, había crecido con el comunismo soviético y para él no había otros horizontes posibles. Cuando su padre estaba a punto de morir le pidió que fuera fiel a su madre y a "los grandes proyectos de la Revolución de Octubre". Cuando fue miembro de las juventudes comunistas el Partido lo inclinó hacia la ingeniería, a pesar de que él se interesaba en la literatura. Para Kostylev, como para muchos de su generación, lo que el Partido decidiera tenía que ser razón suprema.

Ya en la escuela de ingenieros necesitaba dar a su fe elemental razones de peso y estudió con fervor a los clásicos del marxismo, participando activamente en las reuniones del

Partido. Se veía a sí mismo como un misionero, un ingeniero comunista destinado a difundir en su pueblo los beneficios de la revolución tecnológica rusa que, como se tenía la certeza entonces, "estaba a punto de alcanzar y rebasar al mundo occidental". La propaganda del Partido decía que el sufrimiento sólo existía en Occidente, y Kostylev se entusiasmaba pensando en una revolución mundial en la cual estaba dispuesto a servir de mártir para salvar al mundo. En esa época hizo el juramento secreto de salvar a los europeos de su esclavitud inconsciente, no con odio sino con un amor impulsivo hacia el Occidente que no conocía.

Para llevar a cabo su misión se puso a estudiar francés en Moscú con una energía stakanovista y logró leerlo con fluidez. Durante su segundo año en Vladivostok encontró una pequeña biblioteca que tenía algunos libros maltratados en francés: *La educación sentimental* de Flaubert, *Confesiones de un hijo del siglo* de Musset, y *Adolfo* de Benjamin Constant. Al leerlos trataba únicamente de practicar su francés pero algo extraño e inesperado le sucedió: una excitación permanente lo obligaba a leer toda la noche y a olvidar cada vez más sus responsabilidades cotidianas. Su fascinación por la literatura se convirtió en una fascinación por Occidente. No era un problema de historia, o de hechos, según Kostylev, sino de atmósfera: "Todo lo que estaba leyendo parecía suceder en un clima tropical mientras que yo tenía la impresión de haber vivido siempre en un desierto polar, entre hielos desde mi nacimiento".

El encargado de la biblioteca fue arrestado por contrabando y con él todos los que la frecuentaban. Después de ser golpeado e interrogado, Kostylev fue acusado de "sucumbir a la influencia del liberalismo burgués". Luego padeció tres meses de torturas para que confesara pertenecer a una supuesta conspiración antisoviética. Finalmente tuvo que firmar un papel declarando que pretendía derrocar al gobierno de la Unión Soviética ayudado por potencias extranjeras. Entre los prisioneros del campo de concentración adquirió una reputación de santo. Ayudaba a todos hasta que las autoridades del campo decidieron doblegarlo. Después de algunos meses haciendo los trabajos más duros, humillantes y con un hambre infinita, comenzó a odiar a todo mundo sin excepciones y con una fuerza que él mismo no se conocía. Por casualidad cayó en sus manos uno de los libros que había leído y se sintió más culpable que nunca por haber creído en el comunismo y luego por haber dejado de creer. Al día siguiente apareció con un brazo vendado que a partir de entonces siempre estaría enfermo. Una noche de invierno, Herling lo descubrió metiendo el brazo a una fogata, retorcerse de dolor y volver a vendar esa masa informe que difícilmente parecía humana. Cada día más enfermo, Kostylev pasaba mucho tiempo solo, leyendo misteriosamente libros que casi nadie sabía de dónde sacaba. Iba a ser transferido a un campo de exterminio por ser inservible para el trabajo, cuando se tiró encima un gran recipiente de agua hirviendo. Su agonía fue muy lenta. Herling lo recuerda como la imagen simbólica de un hombre que poco a poco fue perdiendo todo en lo que creía; con la cara deformada por el dolor mientras ponía al fuego su brazo "como una espada que intentaba templar", caballero templario de un mundo aparte, cruzado de una fe perdida.

III

MEMORIA DE TUMBAS GÓTICAS

Melancolía del nuevo mal
La última diferencia de Michel Foucault, 1926-1984

> ¿Para qué existe actualmente la actividad filosófica
> si no hace una labor crítica del pensamiento,
> y si en vez de dar legitimidad a lo que ya sabemos
> no se decide a explorar cómo y hasta dónde es
> posible pensar de otra manera?
>
> MICHEL FOUCAULT
> *El uso de los placeres*

Si los libros de Foucault me son cercanos es porque en ellos encontré desde el comienzo una puerta brillante, una salida maravillosa de los lugares comunes del pensamiento en los sesenta y setenta. El nuevo conformismo universitario que ya tenía a Louis Althusser y a Jean Paul Sartre como sus santones, miraba con desconfianza a Foucault y a sus ideas heterodoxas de lo que es el poder.

En sus textos me sedujo un ejercicio excepcional de la inteligencia aunado a una gran sensibilidad abierta a la literatura y al arte. Borges, *Las meninas*, *El Quijote*, son puntos de arranque en uno de sus primeros libros fundamentales, *Las palabras y las cosas* (1966), que es un riguroso análisis epistemológico del origen de las ciencias humanas. Su interés por los modos del saber y de lo racional venía de su conocimiento de lo irracional. Sus primeros libros se habían llamado *Enfermedad mental y personalidad* (1954), *Historia de la locura en la época clásica* (1961), *El nacimiento de la clínica: una arqueología de la mirada médica* (1963), *Enfermedad mental y psicología* (1964). Así hizo suyas todas las márgenes de la cultura, todo lo excluido por los poderes y sus razones. Por lo tanto también fue filósofo historiador del poder y sus mecanismos de pensamiento, primero con su *Arqueología del saber* (1969) y luego con *El orden del discurso* (1970), para culminar en su análisis de las prisiones y su modelo mental llevado a la vida cotidiana, *Vigilar y castigar* (1975). Sus textos sobre música, literatura y arte, que van desde un libro dedicado a analizar al heterodoxo Raymond Roussel hasta ensayos sobre Flaubert, Blanchot, Bataille, Magritte, Boulez, son necesariamente atípicos y muy estimulantes. Al lado de sus obras publicó documentos excepcionales, como el juicio de un niño que asesinó a toda su familia, *Yo, Pierre Rivière* (1973), y lo presentó retando a jueces y psicólogos contemporáneos para que explicaran lo inexplicable. Luego editó las memorias trágicas de un hermafrodita real del siglo XIX, *Herculine Barbin dite Alexine B.* (1978).

El esquematismo althusseriano con sus aires de iglesia decimonónica cuyo incienso todavía llena la cabeza de muchos y el patético heroísmo sartriano, se veían de pronto como mesas de patas rotas al lado de la empresa filosófica de Foucault, veloz y sutil. En su afán por cuestionar las normatividades del pensamiento, y por lo tanto de las conductas, emprendió en 1976 con *La voluntad de saber*, una historia de la sexualidad que modificaría varias veces hasta publicar los dos tomos siguientes en 1984, *El uso de los placeres* y *El interés en uno mismo*, dejando inédito el cuarto y último, *Las confesiones de la carne*. En los que se publicaron se perfila como nuevo horizonte de su obra una posible "estética de la existencia", una moral de trabajo sobre lo que uno mismo va siendo.

Aparente paradoja del destino, el historiador del cuerpo y la medicina, el filósofo del poder y de la sexualidad, el osado pensador y defensor de las diferencias, murió de sida en 1984 —última y trágica diferencia—, en un momento en el que se sabía mucho menos de la enfermedad y, con una especie de equívoco pudor que él hubiera repudiado, la noticia de su muerte fue dada por los suyos negando su mal.

Michel Foucault marcó profundamente a su época y, a la vez, las huellas más intensas de su tiempo marcaron su vida y su muerte.

Melancolía del gesto accidental
La violenta ausencia de
Roland Barthes, 1915-1980

La facilidad de perder la vida a la vuelta de la esquina, al cruzar la calle, engendra ahora la anécdota detestable por la que Roland Barthes se ausenta. Un accidente cuya gravedad tal vez se hubiera reducido en otra persona a algunas costillas rotas, en él se extendió afectando la parte más vulnerable de su cuerpo: los pulmones, frágiles desde que la tuberculosis los tocó treinta y cinco años antes. Como por un fatalismo ignorado, la enfermedad de la que pudo escaparse perdiendo un pulmón, marcó así su cuerpo para entregarlo luego más frágil a la banalidad de un accidente.

De esa manera, el pasado parece mostrar siempre otra cara al ser sacudido por la solidez excesiva de la muerte, y muchos de los actos que permanecían dispersos, insignificantes, de pronto dan la impresión de ser más decisivos de lo que parecían.

Es una debilidad extrema de los que quedamos ante la desaparición de alguien, ésta de buscar hacia atrás las huellas más profundas de lo irreparable. Modificar inevitablemente en nuestras impresiones el sentido de lo que ya fue para ponerlo al servicio de lo que ya no podrá ser. Hay en la violencia de la muerte que nos rodea una desgarradura que se hunde en el pasado para nombrar, con el ruido de su quebranto, la imposibilidad de un futuro. Como si ante la ausencia de ese futuro necesitáramos del estruendo de las palabras ya dichas para llenar con urgencia ese hueco, ese silencio que se abre hacia delante. Más de una vez Roland

Barthes mencionó su miedo de morir antes de escribir la obra deseada. Ese miedo es lo primero que me viene a la mente. No los textos que él ha escrito y que me han afectado, no sus gestos o sus cursos, sino precisamente ese miedo relativamente injustificado cuando él lo mencionaba, y ahora en apariencia justificado cuando lo recuerdo. De golpe me inquieta más lo que este escritor que me gusta ya no podrá escribir, que lo ya escrito por él. Del mismo modo que se puede volver menos importante cualquier muestra anterior de su afecto ante la imposibilidad de verlo de nuevo. Quedan sus libros y los recuerdos, pero no alcanzan para satisfacer esa necesidad del futuro de su obra, necesidad creada por su obra y sus afectos.

El miedo de morir antes de escribir el libro deseado (miedo manifestado por varios escritores, entre otros Proust y Flaubert) no debe ser interpretado como una premonición de la propia muerte, no hay nada de profético en ese temor. Tampoco se trata de un delirio de escritor perseguido, no tiene la forma de la paranoia este miedo a la interrupción extrema.

Lo que parece demostrar es más bien la intensidad con la que el escritor ha depositado las fuerzas de su vida en la realización de la obra. Ha invertido literalmente su vida en el acto de completar la parte deseada de su trabajo literario, hasta el extremo en el que sólo la muerte puede venir a interrumpir la intensidad de ese deseo, y sólo la muerte puede robarle a la vida el sentido que la vida tomaba en la realización de la obra.

Llegó para Barthes la interrupción con el golpe de una camioneta de tintorería una tarde de febrero, tras un mes y un día de hospital y respiración artificial. Una semana antes había aparecido su último libro, un ensayo sobre la fotografía: *La chambre claire*; y dos días antes del accidente él había concluido su curso de este año sobre "La voluntad de escribir" enumerando los rasgos principales de la novela que deseaba comenzar. Se encontraba en el momento de incertidumbre previo a lo que hubiera sido su primer trabajo completamente narrativo.

Barthes, el ensayista que hizo toda su obra afirmando y confirmando que el análisis y la crítica pueden ser escritos con una formulación tan literaria como la de la novela, se encontró hacia el final de su vida con la necesidad de escribir una novela, bajo el modelo proustiano y "en Do mayor". Decía estar en ese momento a la espera de algo que desencadenaría el trabajo de la obra, "a la espera de ser embarcado por la obra, llevado por algo que sería como una nueva escucha de las cosas".

Ese deseo de pasar de la crítica a la creación no constituía en él un rompimiento sino una afirmación radical de lo que siempre estuvo como rasgo determinante en todos sus libros: el trabajo de la escritura y el rechazo a suprimirla en nombre del análisis (ya sea científico o político). Si la imagen de Roland Barthes que más fácilmente ha circulado es la del semiólogo de vocabulario ilegible, es necesario darse cuenta de que su obra rigurosamente semiológica no cubre sino varios artículos y tres de los dieciséis libros que incluye su bibliografía. La pulsión semiológica por la que desgraciadamente es más conocido sólo dura en él, en su forma ortodoxa, seis de los treinta y siete años en los que publicó sus libros. Y si es cierto que una preocupación por el lenguaje domina en su obra, un afortunado desnivel la lleva incesantemente de la lingüística a la literatura.

Su obra es rigurosamente plural y fragmentaria. Se mueve en mil direcciones y la figura del caleidoscopio es oportuna para hacer alusión a ella. Esta diversidad ha hecho precisamente que todos los libros escritos sobre Roland Barthes se unan en el fracaso de querer otorgarle una esencia o una unidad primaria a sus escritos. Ni siquiera han sido más fructuosos los recorridos cronológicos o temáticos de sus desplazamientos. Y esa diversidad, la afirmación de la literatura, parece estar presente no como tema ni como método, sino como voluntad oscilante. Pero ya no conoceremos lo que él había deseado que fuese su última palabra, la palabra que modifica retrospectivamente el sentido, la dirección de la obra. Vino a substituirla un gesto: el arrebato accidental, irreversible.

Índice analítico

Esta obra se terminó de imprimir
en el mes de julio de 2024,
en lós talleres de Impresora Tauro, S.A. de C.V.
Ciudad de México.